D1923796

Hildegard Thanne

Karl Lehmann

Vor dem Wunder der Weihnacht

Weihnacht
1995
vom Pfarrer
Willi Braun

Karl Lehmann

Vor dem Wunder der Weihnacht

Meditationen und Besinnungen

Herder

Freiburg · Basel · Wien

DRITTE AUFLAGE

Umschlagbild: *Christi Geburt.* Triptychon (1923)
von Carl Caspar. Foto: Beuroner Kunstverlag, Beuron

Alle Rechte vorbehalten – Printed in Germany
© Verlag Herder Freiburg im Breisgau 1987
Gesamtherstellung: Freiburger Graphische Betriebe 1989
ISBN 3-451-21114-9

MEINEM VERSTORBENEN VATER
KARL LEHMANN (1903–1986)
IN DANKBAREM GEDENKEN

Vorwort

Dieses kleine Buch faßt auf einen mehrfach vorgetragenen Wunsch hin zwölf Besinnungen und Meditationen zum Advent, zum Weihnachts- und Dreikönigsfest zusammen. Sie sind in einem längeren Zeitraum, meist jedoch im letzten Jahrzehnt entstanden und aus einem größeren Bestand ähnlicher Texte ausgewählt worden. Sie können und wollen ihre verschiedene Herkunft, ihren je eigenen Stil und die unterschiedlichen Adressaten nicht verleugnen (vgl. Nachweise). Einige Wiederholungen waren unvermeidlich, weil sie in der Sache selbst begründet sind. Alle Beiträge wurden nochmals gründlich durchgesehen und für dieses Buch bearbeitet.

Hoffentlich kann der innere Gang dieser zwölf Stücke ihre verborgene Einheit sichtbar machen. Das *Vorspiel* schlägt Adventsmotive aus der allgemeinen menschlichen Erwartung und der biblischen Verheißung an. Mariens Frömmigkeit erweist sich als *Schwelle und Pforte* zu einem Neuen. Es wird gut sein, heute eigens nach dem *Zugang und Eintritt* zum Mysterium von Weihnachten zu fragen. Vielleicht werden wir so erst bereit für die *Tiefe des Geheimnisses,* die zugleich zu den dichtesten Aussagen des Neuen

Bundes gehört. Dreikönig zeigt uns, daß es nicht um ein Ereignis in der Provinz, sondern um eine *weltweite Dimension* geht: Das Kind in der Krippe ist der Herr der Welt.

So versucht der kleine Band eine gestufte Hinführung zum Abgrund des Weihnachtsgeheimnisses. Ich freue mich, wenn der wohlwollende Leser die Mühe der Besinnung, die eine solche Mystagogie verlangt, nicht zu beschwerlich findet. Spiritualität und Theologie dürfen nicht auseinanderfallen. Ihre geschwisterliche Nähe ist jedoch nicht selbstverständlich.

Ich danke meinen Mitarbeiterinnen und Mitarbeitern für die Hilfe, die ich von der Reinschrift der Manuskripte über ihre Bearbeitung bis zum Korrekturenlesen stets erfahren durfte: Frau Agathe Hitzel, Frau Barbara Nichtweiß, Kaplan Jörg Swiatek. Dem Verlag Herder sage ich für die schon gewohnte rasche und sorgfältige Drucklegung meinen Dank.

Mainz, am Fest Allerheiligen 1987

† *Karl Lehmann*
Bischof von Mainz

Inhalt

V. WELTWEITE DIMENSION

I.

VORSPIEL

Die Zukunft des Menschen

Zum Menschen gehört der Ausblick und das Streben nach dem, was vor uns liegt. Wir greifen immer wieder nach neuen Zielen aus, übersteigen jeweils das Erreichte und Bekannte. Die Offenheit des menschlichen Wesens – über alle Spezialisierung hinaus – auf das Ganze der Welt zeigt die äußersten Möglichkeiten und offenbart zugleich eine tiefe Gefährdung des menschlichen Lebens: Der Mensch ist von Hause aus arm, weil er endlich ist und sich dennoch dabei nicht beruhigen kann; wenn er sich getreu bleibt, ist er ständig zu allem unterwegs; obgleich der Mensch einen Schutz und ein Obdach über seinem Kopf braucht wie kaum ein Tier, muß er bei seinen Abenteuern mit der Welt immer auch der ewig Unbehauste bleiben. Da er die Natur, seinen eigenen Willen und die Widerständigkeit der Welt bändigen und überwinden muß, sind ihm in nichts Kampf, Streit und sogar Gewalttätigkeit erspart, gleich ob er diese nun selbst aktiv unternimmt oder schmerzlich als seine Grenze erleiden muß. Ohne daß die Anker der Hoffnung immer tiefer geworfen werden, kann der Mensch nicht menschenwürdig sein Dasein gestalten, aber alle unsere Erwartungen werden auch wieder an der Mauer der Endlichkeit gebrochen.

Die gewohnte Alltäglichkeit verbirgt uns leicht die Abgründigkeit dieses unseres Daseins. Es mag vielleicht sogar nicht so oft vorkommen, vielleicht nur wenige Male im Leben, daß wir so vor uns selbst kommen. Aber wenn ein Stein in den Abgrund unseres Daseins fällt, dann ist es möglich, daß wir erwachen zu dem, was wir in der verborgenen Tiefe sind: das böse Ungeheuer, wie es sich in findiger Bosheit und in grausam wirklicher Tat verrät; die Selbstlosigkeit unseres Handelns, wenn einer einsam, unbekannt, unbedankt und – menschlich gesehen – umsonst eine schwere, aber *gute* Entscheidung fällt und ein stilles Opfer bringt; wenn ein Mensch im Ertragen von Leid oder in der Pflege schmerzgeprüfter und von Unheil betroffener Menschen, wie wir sagen, über sich hinauswächst; die von vornherein enttäuschte Erwartung eines Arztes, der dem sicheren Tod ins Auge schauen muß und dennoch, fast absurd, alles tut, um gegen das sichere Ende anzukämpfen; der Mann, der in einem fast unentwirrbaren Knäuel von Interessen, Betrügereien und Lügen das Recht für seinen Mitmenschen suchen muß, das Schweigen aller vor dem harten und unausweichlichen Schicksal des Todes – überall da kann unser Dasein uns, wenn wir wach bleiben, zur Frage werden, daß wir aufhorchen und uns selbst verstehen: die zwischen Himmel und Erde in die Kreuzung aller Richtungen der Welt Ausgespannten, mutig hoffend und geduldig wartend, überallhin stolz unterwegs und oft erfahrungslos ohne Ausweg, dennoch ganz auf Gelingen und Rettung verwiesen.

Die Größe der Herausforderung

Wir erfahren solches Ausgesetztsein vor allem dadurch, daß wir nach unserer Zukunft fragen. Wir haben nicht bloß Erwartungen unserer „Natur", sondern wir müssen sie uns selbst setzen und planerisch in den Griff bekommen. Früher hat der Mensch, aufs Ganze gesehen, so geplant, daß es morgen so weitergehen konnte, wie es heute ging. Schöpferische Einfälle waren in gewisser Weise zufällig, geschichtliche Zukunft wurde mehr erlitten als getan. Heute müssen wir es lernen, das Kommende nicht mehr nur in der Macht des blinden Zufalls als Beute einzufangen, vielmehr werden schöpferisch neue Ziele entworfen, und mit letzter Präzision werden die Möglichkeiten ihrer Realisierung produziert. Der Mensch dient nicht mehr nur den durch die „Natur" vorgegebenen Bedürfnissen, vielmehr schafft er selbst neue, plant *sich selbst,* seine Umwelt und erzeugt so in kreativer Freiheit seine, von ihm verantwortete und eingerichtete Welt.

Ein solches Können macht den Menschen mit einem gewissen Recht stolz. Wer sich hier zu schnell mit dem Wort von der Hybris annähert, verkennt nicht bloß unbestreitbare Größe und atemberaubende Leistung, sondern vor allem auch die Unausweichlichkeit einer Lage, in der nur so und nicht anders gehandelt werden kann. Wir werden zu unseren kühnen Plänen gezwungen, weil nur so menschliches Leben für alle in Zukunft möglich sein wird. Wir müssen unser Land mit Straßen ausrüsten, obgleich sie uns nutzbare Erde, bewohnbares Land und die grünen Lungen inmitten von soviel Beton auffressen. Was wir können, ist freilich nicht immer auch schon unser Glück. Eine seltsame Mischung von Stolz und Resignation liegt in diesem schöpferischen Können, das sich schon längst nicht mehr selber wählen kann. Dunkle und bedrängende Fragen stellen sich mitten in unseren Erwartungen: Wie weit darf sich der Mensch selbst umgestalten und in seinen Haushalt und den Bestand der Natur eingreifen? Wo ist der potentielle Umschlagspunkt, von dem aus dieses Wesen sich bei seiner Selbstmanipulation wieder nach rückwärts entwickelt, übertechnisiert und doch ein neues Herdenwesen? Wer entscheidet und gibt Gewißheit über die Wahl der Vordringlichkeiten aller Planung: Soll das Elend der Slums nicht rascher beseitigt werden als der Bau des großen Staudamms, behält der Flug zum Mars den Primat vor dem tausendfachen Tod täglich vor Hunger sterbender Kinder? Wer bändigt die zerstörerischen Mächte, die wir uns selbst geschaffen haben? Entführungen und Bombenanschläge demonstrieren, wie anfällig unsere hochentwickelten technischen Gebilde sind und wie gefährdet unsere feingebauten gesellschaftlichen und staatlichen Formen des Zusammenlebens sind.

Zukunft ist offenbar mit der All-Gegenwart des durchschauenden Geistes und seiner Berechnung, so lebenswichtig gerade Planung bleibt, nicht eingelöst. Nicht bloß daß etwas Fremdes und Unvorhergesehenes, z.B. Krebs oder ein Herzinfarkt, unsere Pläne durchkreuzt. Vielmehr spielt in allen Projekten ein Nicht-Geplantes, Nicht-Evolutives und Unverfügbares mit, das allem Entwerfen zuvorkommt, zwischen den strengsten Prognosen manchmal durchblickt und mit der Grund ist, warum wir unsere sogenannte Zukunft nie restlos in den Griff bekommen. Unsere machbare Zukunft wird dadurch in die immer überraschende Unendlichkeit der wahren Geschichte gerückt und erweist an ihr selbst, daß sie als solche offen nach vorne in das Unvorhersehbare ist. Wer kann auch nur den Sinn *eines* Menschen frei zum Guten wenden? Vielleicht bleiben uns heute nur noch wenige Erfahrungen des menschlichen Lebens, daß wir auch und nicht minder auf das Glück unverfügbarer, nichtmachbarer Ereignisse angewiesen sind, wie z.B. das schöpferische Wort der Kunst, das Finden eines wahren Freundes, das Wunder geglückter Liebe von Du zu Du, sachliche Übereinstimmung im Wirrwarr der Interessen, das gelungene Gebet als Zwiesprache mit dem, der in allem Rettung verheißt.

Wie sieht der „neue Mensch" aus?

Viele Menschen haben Angst vor dieser Zukunft, weil sie zweifeln, ob der Mensch sich selbst in diesen titanischen Anforderungen aushalten kann, ob er nicht übermütig zerstörerisch, dämonisch grausam, menschenverächterisch und wahnsinnig wird. Denkt dieser Mensch nicht immer mehr in kühne Träume hinaus – und vergißt jene Not seines unmittelbar Nächsten, die nicht mit Wohlstand zu saturieren ist? Kein Zweifel, daß solche Überforderung gerade von den Menschen verlangt wird, die hohe Verantwortung für andere tragen. Zur Erhaltung einer größeren Freiheit, die ja auch schrankenlose Selbstzerstörung einschließen kann, muß intensivere Bindung und stärkere Selbstlosigkeit aufgebracht werden. Wer herrscht, muß sich selbst am meisten beherrschen.

Wir müssen uns alle in einen neuen Menschen verwandeln, wenn wir Menschen mit der Befähigung für die großen Entscheidungen werden sollen, die überall zu fällen sind. Friedrich Nietzsche hat diese Verwandlung unser selbst den „Übermenschen" genannt. Die Dämonie der blonden Bestie hat gezeigt, was z.B. Rassenwahn aus solcher elitärer Übersteigerung schaffen kann. Aber mit diesem entsetzlichen Mißbrauch ist die Forderung noch nicht grundsätzlich dahin.

„Für den Übermenschen fällt gerade das Maßlose, das bloß Quantitative des Immerzu des Fortschritts dahin. Der Übermensch ist ärmer, einfacher, zarter und härter, stiller und opfernder und langsamer in seinen Entschlüssen und sparsamer in seiner Rede" (Martin Heidegger). Und in der merkwürdigen Vision eines solchen Menschen, der das ungeheuer gesteigerte und zugleich gefährdete Dasein des Menschen einzig retten kann, schreibt Nietzsche die Worte, welche jenen Übermenschen am meisten kennzeichnen: er müsse ein *„Cäsar mit der Seele Christi"* sein.

Ein Cäsar: Ein unermüdlicher Eroberer der Welt und der Himmelsräume, der Sinn hat für Rang, Entscheidungen und Opfer. Der grenzenlose Mut allen wagenden Menschentums, das sich nicht so rasch Grenzen auferlegen läßt und vor Widerstand nicht einfach kapituliert, ist hier mitgemeint. Alles, was an Macht und Kraft, Erleidenkönnen und Hingabefähigkeit dem Menschen möglich ist, ist für seine eigene Zukunft notwendig. Aber der versierte Technokrat der Macht, der Planungsstratege, das raffinierte Management allein sind unzureichend, um Freiheit und Menschenwürde zu bewahren. Das unvermeidlich Cäsarische des künftigen Menschen kann nur zum Guten ausschlagen, wenn es zugleich „mit der Seele Christi" ausgestattet ist.

Zuversicht und Erinnerung

Der Begriff „Zukunft" konnte lange Zeit als Schlüsselwort unserer Epoche gelten. Es hängt mit der schöpferischen Aktivität des Menschen zusammen, der darin überhaupt das grundlegende Element von Geschichte erblickt. Wer endlich den Zwängen der immer gleichen Natur und ihrem Rhythmus entwachsen ist, versteht sich und seine Welt mehr von den eigenen Möglichkeiten her. In einem solchen Geschichtsentwurf scheint jede Zukunft machbar und durch Planung und Prognose verfügbar zu werden. Die Ankunft unserer Zukunft braucht nicht wartend abgesessen zu werden, sondern der Mensch arbeitet selbst produktiv im Frontraum der Zukunft. Er schafft sich *seine* Zukunft.

Zwischen Enthusiasmus und Resignation

Auch die Theologie dieser Jahre hat sich auf diese Denkweise eingelassen. Nachdem sich die Kultur resolut der Zukunft zuwendet als etwas, was sie schaffen will, bewirkt sie, daß auch die wichtigsten Kategorien der religiösen Sprache in die neue Mentalität umgeschmolzen werden.

Dies zeigte sich besonders in jenen Versuchen, in denen der Begriff „Transzendenz" zuerst in Kategorien der Zeitlichkeit umgesetzt wurde und weitgehend mit einem Primat der Zukunft gleichgesetzt worden ist. Eduard Schillebeeckx schrieb (Gott – die Zukunft des Menschen, Mainz 1969, S. 153): „In einem solchen kulturellen Lebenskontext manifestiert sich für sie (für die neue Kultur) ja der Gott der Gläubigen von selbst als ‚der, der kommt', als der Kommende, als Gott, der *unsere* Zukunft ist. So entsteht ein einschneidender Umschwung: Derjenige, den wir früher, von einer älteren Menschen- und Weltauffassung aus als den ‚ganz Anderen' bezeichnet hatten, zeigt sich jetzt als der ‚ganz Neue', als derjenige, der *unsere* Zukunft ist und menschliche Zukunft neu schafft. Er zeigt sich als Gott, der uns in Jesus Christus die Möglichkeit schenkt, Zukunft zu schaffen, d.h. alles neu zu machen und die sündige Geschichte unser selbst und aller zu übersteigen." Dies gibt wohl auch die Stimmung wieder, in der weite Teile der Theologie der sechziger und auch noch der siebziger Jahre beinahe gefangen waren. Manche Spielarten der „Politischen Theologie" und der „Theologie der Befreiung" sind Belege dafür.

Aber sind die Worte inzwischen nicht zu einer wohlfeilen Münze geworden? Wurde nicht in den vergangenen Jahrzehnten im Bereich des geistigen Lebens und der gesellschaftlich-politischen Zielsetzungen das Wort „Zukunft" maßlos überbeansprucht, so daß es wie Treber erscheint, der keine Kraft und keinen Saft mehr in sich birgt?

Es lohnt sich, diesen Zweifel ernst zu nehmen. Wir erinnern uns einer Stimmungslage, die vor allem durch eine ungebrochene Fortschrittsgläubigkeit, ein unbegrenztes Freiheitsbewußtsein und durch einen fast schwärmerischen Enthusiasmus geprägt war, innerhalb kürzester Zeit in fast allen Lebensbereichen Veränderungen größten Ausmaßes durchführen zu können. Wir dürfen uns freilich auch nicht jener heimlichen Resignation beugen, die heute nach dem Zusammenbruch vieler Wünsche und Illusionen das Denken und Wollen nicht weniger Menschen geradezu gelähmt hat. Der Mensch ist und bleibt von Hause aus ein Wesen, das auf Zukunft angelegt und von Zuversicht getragen wird. Stutzt man ihm völlig die Flügel der Hoffnung, dann wird er rasch bitter, humorlos und in einer falschen Weise schicksalsergeben – auch politisch eine Gefahr! Ja, manche reagieren in der Verfinsterung der konkreten Zukunft mit einem Sich-Vergessen im Taumel des Rausches oder aber durch Gewalttätigkeit in ihren verschiedenen Spielarten. Diese Verhaltensweisen zeugen von einem Verhältnis zur Zeit, das sich von der Zukunft nichts mehr verspricht.

Biblische Sprache der Hoffnung

Woher soll man aber nun den Mut nehmen, neu von der Hoffnung und der Zukunft zu sprechen, ohne daß diese von Anfang an mit den eingestürzten Utopien verwechselt und als fade Chiffren übergangen werden? Die Antwort ist nicht leicht. Es ist nämlich nicht zu übersehen, daß auch ein Teil der Theologie und der Verkündigung, wie eben schon erwähnt, diese großen Worte im Stil von Angebot und Nachfrage der Supermärkte traktiert hat.

Wo kann man neu anknüpfen? Es ist gut, wenn wir uns bei der Beantwortung dieser Frage nicht auf unsere Eingebungen allein verlassen. Hören wir auf ein Schriftwort, das vielleicht zu einem Zeugnis der unerschöpflichen und durch nichts völlig aufbrauchbaren Kraft des Wortes Gottes werden kann. Ich denke an den Sinn des Wortes „Ich will euch Zukunft und Hoffnung geben" beim Propheten Jeremia (29,11).

Auch damals, um das Jahr 600 v. Chr., war dieses Wort keineswegs selbstverständlich. Im Gegenteil, Jeremia kämpfte an mehreren Fronten. Zunächst einmal mußte er die schwärmerischen Heilspropheten seiner Zeit entlarven, die trügerische Hoffnung und turbulente Heilserwartungen verbreiteten, als ob alle menschlichen Unternehmungen glücklich enden müßten. Hier war ein religiös verbrämter Fortschrittsoptimismus am Werk. Das Wort „Gott" wurde ein Ausdruck für diese Sicherheit, in der man sich wiegte. Keine Rede war mehr von der Ferne und der Unbegreiflichkeit Gottes, vom eigenen Versagen und vom Gericht. Darum verschweigt Jeremia gegenüber den optimistischen Weissagungen und den goldenen Träumen nicht seine Katastrophenahnungen. Immer wieder muß er zur Nüchternheit mahnen. Auch die Frommen sind vielen falschen Illusionen erlegen.

So warnt Jeremia seine Landsleute im babylonischen Exil, sie sollten sich nicht von der falschen Hoffnung verführen lassen, ihre Heimkehr stünde unmittelbar bevor. Er ermutigt sie vielmehr, auch in der Situation der Verschleppung, der Fremde und der Diaspora ein neues Verhältnis zu Gott zu suchen. Jeremia wird der Schwarzseherei und der Resignation angeklagt, denn das Heil sei doch sehr viel näher. Aber der Prophet weiß, daß jede Hoffnung einen langen Atem haben muß. So ruft er den Deportierten in der Fremde das Gotteswort zu: „Ich kenne die Gedanken, die ich für euch hege, spricht Jahwe, Gedanken des Friedens und nicht des Unheils, daß ich euch Zukunft und Hoffnung gebe." Der Prophet, der alle denkbaren Anfechtungen und Anschläge auf sein Leben erfahren hat, verschweigt nicht das Dunkel und den Schmerz der Geschichte. Er redet überhaupt wenig von den großen Entwürfen der Zukunftshoffnung. Seinen Landsleuten im Exil gibt er merkwürdig einfache Ratschläge, nämlich das Nächstliegende zu tun: „Baut Häuser und wohnt darin; pflanzt Gärten und eßt ihre Früchte; nehmt euch Frauen und zeugt Söhne und Töchter ... Suchet der Stadt Bestes, dahin ich euch habe wegführen lassen, und betet für sie zum Herrn; denn wenn es ihr wohlgeht, so geht es auch euch wohl" (29,5–7). Zu diesem Aufruf gehörte Mut. Keine Spur von Kleinbürgerlichkeit, wie mancher denken könnte: Die Deportierten sollten Hoffnung und Zukunft erwarten von jener Stadt, die für sie Fremde schlechthin bedeutet.

Jeremia kann nur darum von dieser letzten Zukunft und Hoffnung so nüchtern und konkret sprechen, weil er sie in Gott geborgen und gegründet weiß. „Ich will euch Zukunft und Hoffnung geben": So souverän und frei kann nur Gott selbst reden. In einem Menschenmund wäre ein solcher Spruch vermessen. Das biblische Verheißungswort darf nicht einfach in unsere innerweltlichen Erwartungen einnivelliert werden. Nur derjenige, der auch die Sünde und den Tod besiegt, kann dieses steile Wort sagen: *Ich* gebe Zukunft und Hoffnung. Immer wieder wird der wartende Mensch dieses „Ich" suchen müssen. Gott schenkt Zukunft und Hoffnung nicht in schlechthin untätige Hände, sowenig sie allein von der Leistung abhängig gemacht werden dürfen. Darum gehört zur Verheißung auch der Auftrag, nach Gott zu suchen und nach ihm zu rufen.

Jeremia erhofft sehr entschieden Zukunft von Gott, aber er verfällt darum nicht hochfahrenden Plänen. Er hat darum Gewißheit, weil er in vielen Schicksalsschlägen immer wieder die Treue Gottes erfahren hat. Er liest die Zukunft von der wirklich ergangenen Geschichte des Heiles her. Es kommt ihm gar nicht in den Sinn, die Bedeutung von Vergangenheit und Gegenwart zu leugnen. Auch hierin können wir ganz entschieden von ihm lernen, wie nämlich der biblische Mensch „Zukunft" verstanden hat. Für ihn sind Hoffnung und Erinnerung nicht zu trennen. Das lebendige Erinnern läßt die erfahrene Geschichtsmächtigkeit Gottes neu Wirklichkeit werden. Da Gott sich bisher als der getreue Helfer und Retter erwiesen hat, wird er sich auch in Zukunft als ein solcher erweisen. Das wahre Erinnern vermittelt und schenkt den Anfang der Hoffnung. Der Heidelberger Alttestamentler Hans Walter Wolff kennzeichnet deshalb mit einem schönen Bild die biblische „Zukunft": „Nach dieser Sicht bewegt sich der Mensch durch die Zeiten wie ein Ruderer, der sich rückwärts in die Zukunft bewegt: er erreicht das Ziel, indem er sich orientiert an dem, was einsichtig vor ihm liegt; diese enthüllte Geschichte bezeugt ihm den Herrn der Zukunft" (Anthropologie des Alten Testaments, München 1973, S. 135 gerade zu Jer 29,11). Der Israelit sieht die früheren Zeiten als Bedenkenswertes *vor* sich, während die Zukunft das Rückwärtige ist, das hinter uns folgt. Hier verwandelt sich auch unsere Rede von der „Zukunft": Zukunft ist nicht zuerst „futurum": unsere nach vorne entworfenen Möglichkeiten, sondern „adventus": Gott selbst kommt von vorne auf uns zu.

Messianische Herrschaft und Friedensreich

In manchen Kirchen ist anstelle eines Adventskranzes auch eine Wurzel zu sehen, aus der grünes Tannenreis oder andere neue Triebe hervorgehen. Es ist ein seltsames Bild: ein abgehauener und morscher Baumstumpf, der zu nichts mehr taugt, und inmitten der ausgetrockneten Reste des Baumes sprießt neues Leben. Gelegentlich können wir dies im Wald durchaus beobachten. Dieses Ereignis der Natur bringt uns die Einheit und den Gegensatz von Tod und Leben, Sterben und Hoffnung zur lebendigen Anschauung. Was hier – nur selten beachtet – in der Schöpfung vorkommt, wird an einer bedeutenden Stelle der Bibel zu einem vielsagenden Gleichnis. Wir kennen aus vielen Liedern und aus der christlichen Kunst den „Sproß Jesses". Gemeint ist eine Rute, ein Schößling, ein Sproß. Die lateinische Bibel hat unter Verwendung möglicher Anspielungen in der hebräischen Sprache darin auch das Aufblühen einer Blume gesehen. So ist der Grundgedanke in unser Singen und Sagen von Weihnachten eingegangen: „Es ist ein Ros entsprungen aus einer Wurzel zart, wie uns die Alten sungen, von Jesse kam die Art ..."

Ich möchte mit dem Bild des Wurzelstockes,

der neue Zweige treibt, zu einer Besinnung über den Text des Propheten Jesaja einladen. In einer der „Perlen der hebräischen Poesie" (H. Wildberger) spricht der Prophet inmitten einer abgrundtiefen Enttäuschung über den herrschenden König von einer letzten Hoffnung auf Gerechtigkeit und Frieden. Hören wir diese Botschaft aus dem siebten Jahrhundert vor unserer Zeitrechnung.

Biblischer Text (Jes 11,1–10)

Doch aus dem Baumstumpf Isais wächst ein Reis hervor,
ein junger Trieb aus seinen Wurzeln
bringt Frucht.
Der Geist des Herrn läßt sich nieder auf ihm:
der Geist der Weisheit und der Einsicht,
der Geist des Rates und der Stärke,
der Geist der Erkenntnis und der Gottesfurcht.
...
Er richtet nicht nach dem Augenschein,
und nicht nur nach dem Hörensagen
entscheidet er,
sondern er richtet die Hilflosen gerecht
und entscheidet für die Armen des Landes,
wie es recht ist.
Er schlägt den Gewalttätigen mit dem Stock
seines Wortes
und tötet den Schuldigen mit dem Hauch
seines Mundes.
Gerechtigkeit ist der Gürtel um seine Hüften,

Treue der Gürtel um seinen Leib.
Dann wohnt der Wolf beim Lamm,
der Panther liegt beim Böcklein.
Kalb und Löwe weiden zusammen,
ein kleiner Knabe kann sie hüten.
Kuh und Bärin freunden sich an,
ihre Jungen liegen beieinander.
Der Löwe frißt Stroh wie das Rind.
Der Säugling spielt vor dem Schlupfloch
der Natter,
das Kind streckt seine Hand
in die Höhle der Schlange.
Man tut nichts Böses mehr
und begeht kein Verbrechen
auf meinem ganzen heiligen Berg;
denn das Land ist erfüllt von der Erkenntnis
des Herrn,
so wie das Meer mit Wasser gefüllt ist.
An jenem Tag wird es der Sproß aus der Wurzel
Isais sein,
der dasteht als Zeichen für die Nationen;
die Völker suchen ihn auf;
sein Wohnsitz ist prächtig.

Im Bild wird ein frisches Reis aus dem Wurzelstock eines gefällten Baumes austreiben. In der Sache steht der Wurzelstock für das Geschlecht Isais oder, wie wir auch sagen, Jesses. Dieser war der Vater Davids (vgl. 1 Sam 16). Aus diesem Geschlecht stammte auch der jetzige Herrscher, der Jesajas Rat verschmähte und auf egoistische Beeinflussungsversuche in seiner Umgebung vertraute. Aber dieses Königshaus ist dem Untergang geweiht. Gott wird wie ein Gärtner mit seiner Schere oder wie ein Holzfäller mit seiner Axt über die Bäume, nämlich das davidische Reich, herfallen. Alle müssen durch das Gericht Gottes. „Seht, Gott, der Herr der Heere, schlägt mit schrecklicher Gewalt die Zweige ab. Die mächtigen Bäume werden gefällt, und alles, was hoch ist, wird niedrig. Das Dickicht des Waldes wird mit dem Eisen gerodet, der Libanon fällt durch die Hand eines Mächtigen" (Jes 10,33 f.). Aber das Gericht ist nicht das letzte Wort Gottes. Zwar gibt es einen scharfen Bruch: Der verheißene Herrscher kommt nicht mehr aus diesem Geschlecht, das einem gefällten Baum gleicht. Nicht einmal der Name des großen Königs David wird genannt. So tief ist der Schnitt. Aber Gott möchte dennoch sein einmal begonnenes Werk in Treue vollenden. Und so knüpft er an seinem bisherigen Heilshandeln an: Wie einst David auf wahrhaft wunderbare Weise aus dem bedeutungslosen Geschlecht Isais zur höchsten Würde berufen wurde, so wird ein neuer Sproß ganz unvermutet aus dem alten Wurzelstock aufsteigen. Der zukünftige ideale Herrscher wird ein zweiter David sein. Menschliche Untreue hat die Verheißung Gottes in Frage gestellt, aber die Treue Gottes bleibt, wenn der Mensch versagt.

Der neue Herrscher

Dies war angesichts der Selbsteinschätzung des Königshofs und seiner Berater ein Wort des Hochverrats. Jesaja knüpft überhaupt nicht mehr an die gegebene Dynastie an. Es geht ihm nicht um das Festhalten an einer politischen Ordnung. Wenn auch sein Blick auf die unmittelbare Zukunft gerichtet bleibt, so tastet er doch suchend und hoffend nach einem Herrscher, der nicht mehr enttäuscht.

Von diesem Herrscher wird zuerst gesagt, daß Gottes Geist ihn für sein Amt ausstattet. Damit wird an Israels Befreiungskämpfe erinnert, wo der Geist Gottes den erwählten Retter ergriff und zur befreienden Tat befähigte. Der für die Zukunft erwartete Befreier wird wieder ein Träger des Gottesgeistes sein. Der Geist Gottes verläßt den künftigen Herrscher nicht mehr, so wie er zum Beispiel von Saul wich (vgl. 1 Sam 16,14). Betont wird gesagt, daß der Gottesgeist auf dem kommenden Herrscher *ruhen* wird. Nur so ist eine ungestörte Herrschaft möglich (vgl. auch 1 Sam 16,13; 2 Sam 23,2f.). Sie kann nur gedeihen, wenn Gott selbst sein Charisma dem verheißenen König schenkt.

Geistesgaben

Der Prophet bleibt jedoch nicht nur bei dieser einen Gabe Gottes stehen, vielmehr steigert Gott die Geistfülle des künftigen Herrschers, so daß nun sechs Entfaltungen der Geistesgabe sichtbar werden: der Geist der Weisheit und der Einsicht, der Geist des Rates und der Stärke, der Geist der Erkenntnis und der Gottesfurcht. Wir kennen diese Aufzählung von der christlichen Tradition der Siebenzahl der Gaben des Geistes. Die Worte sind etwas abgegriffen, so daß wir sie von der Wurzel ihrer Bedeutung her aufschlüsseln müssen. Die ersten vier Eigenschaften benennen für unser heutiges Verständnis ziemlich weltliche Qualitäten. *Weisheit* muß fähig sein, die Probleme des Alltags zu bewältigen. So nüchterne Tugenden wie Sachverstand und Klugheit sind mitgemeint. Freilich geht es dabei immer um die Ordnung der Welt im ganzen. Zur Weisheit gehört die *Einsicht:* Damit ist mehr die geistige Fähigkeit angezielt, die konkrete Situation zu durchschauen, aus ihr die richtigen Schlüsse zu ziehen und die notwendigen Entschlüsse zu fassen. Dazu gehören Weitblick und Unterscheidungsvermögen, damit die Erkenntnis zuverlässig und wahr ist. Zu jedem Handeln gehört das Bedenken der Folgen des Tuns und die Erwägungen über umfassendere Zusammenhänge. Der Geist des *Rates,* wie man oft übersetzt, ist wohl eher der Geist des *Planens,* d. h. des klugen und wirksamen Vorsorgens. Alle Pläne nützen nichts, wenn sie nicht entschlossen verwirklicht werden. So gehört der Geist des *kraftvollen Entschlusses* zu den Fähigkeiten des künftig erwarteten Herrschers. Jeder Führer braucht die Gabe der klaren Entscheidung. In diesen letzten beiden Befähigungen zum Planen und zum kraftvollen Entschluß klingen traditionelle Erwartungen an den König an, die vor allem am Aufstellen von Kriegsplänen und an dem Erweis der militärischen Tüchtigkeit orientiert sind. Dieser Aspekt tritt hier ganz in den Hintergrund. Es sind „zivile" Fähigkeiten, die eher einem Friedenshandeln zugeordnet sind.

Hiermit sind Fähigkeiten angesprochen, die zunächst auf den königlichen Herrscher der Zukunft abgestimmt sind. Aber sie gelten im Grunde für jeden, der zu irgendeiner Führung verpflichtet ist, sogar in den kleinen Lebenskreisen des Hauses und der Familie. Diese Fähigkeiten sind für jede Leitungsfunktion unentbehrlich: Klugheit und praktisches Wissen, konkrete Vorsorge und weise Voraussicht, Weitblick statt Kurzsichtigkeit, Zuhörenkönnen statt Eigensinn, Mut zu langfristiger Betrachtung statt Opportunismus, Entschlußkraft statt Hinausschieben von notwendigen Entscheidungen. Hier wird ein Katalog von vier Kardinaltugenden aufgestellt für jeden, der in der Erziehung und im Beruf, zu Hause und in der Öffentlichkeit eine verantwortliche Aufgabe ausübt.

Die Aufzählung der Entfaltungen des Gottesgeistes, die dem künftigen Herrscher gegeben sind, ist damit jedoch nicht zu Ende. Es folgen noch zwei Charismen, die in engstem Zusammenhang stehen und auch sonst in der biblischen Literatur miteinander vorkommen: der Geist der Erkenntnis und der Gottesfurcht. Sie sind wie eine Zusammenfassung der bisher erwähnten Gaben. Was ist mit ihnen gemeint? Die *Gabe der Erkenntnis* hat wenig zu tun mit rein intellektuellen Angelegenheiten. Erkennen ist für den hebräischen Menschen ein Sicheinlassen auf eine Wirklichkeit, Vertrautwerden mit etwas in allen Dimensionen. Erkennen ist immer schon eine Einheit von Intellekt und Wille, Verstand und Gemüt, Denken und Tun. Im Blick auf Gott ist eigentlich der Glaube mit allen seinen Vollzügen gemeint. Wer Gott erkennen will, muß erst vom Götzendienst ablassen, d.h. alle innerweltlichen Absolutsetzungen und alle ideologischen Positionen aufgeben. Gottes Erkenntnis ist nur möglich durch Einsicht in die eigene Unzulänglichkeit, Gebrechlichkeit und Sünde. Gottes Erkenntnis ist darum für die Bibel undenkbar ohne Abkehr von verfehlten Wegen und Umkehr zu einem neuen Leben. Wer so Gott erkennen will, sucht ihn in allen Dingen und bleibt ihm im Alltag des Lebens treu. Dies zeigt sich besonders dann, wenn der Mensch Gerechtigkeit, Recht und Liebe übt. Gotteserkenntnis meint also kein Bescheidwissen über Gott und keine Reflexion von Theologen und Priestern, sondern schließt den ganz personalen Bezug des Anerkennens in sich. *Gottesfurcht* sagt fast dasselbe. Wir müssen die Vorstellung von eingejagter Angst und erzwungener Untertänigkeit – soweit es nur möglich ist – aus diesem

Wort herausnehmen. Es ist nicht Angst vor Gott, von der die Rede ist, vielmehr handelt es sich um eine Gabe Gottes. Gemeint ist eine religiöse Grundhaltung, die den Willen Gottes nicht nur kennt, sondern auch im täglichen Leben respektiert. Freilich erinnert „Furcht Gottes" auch an die Distanz, in welcher das Geschöpf vor dem Schöpfer und Herrn steht. Das Gottesvolk des Alten Bundes weiß um die Scheu und das Geheimnis Gottes, dessen Gedanken nicht einfach unseren Vorstellungen entsprechen. So bekommt das Wort von der Gottesfurcht einen starken Akzent des Vertrauens, denn der Gehorsam gegen den Willen Gottes verspricht Leben. „In der Furcht Gottes liegt ein fester Verlaß, noch den Kindern ist er eine Zuflucht. Die Furcht Gottes ist eine Quelle des Lebens, so daß man den Schlingen des Todes entgeht" (Spr 14,26f.). Wer Gott fürchtet, braucht sich selbst nicht zu fürchten. Ganz anders der, der nur sich selbst vertraut: „Sein Leben lang ängstigt sich der Gottlose, all die Jahre, die dem Tyrannen bestimmt sind" (Ijob 15,20). So wird deutlich, daß das Wort „Gottesfurcht" gleichsam eine Zusammenfassung all dessen ist, was über das rechte Verhältnis des Menschen zu Gott gesagt werden kann. Am ehesten könnte man noch unser Wort Frömmigkeit dafür verwenden, wenn man es vielen Entstellungen und Einwänden entzogen hat.

Nun wird auch der Zusammenhang der ganz profan wirkenden Eigenschaften der *Klugheit und Entschlossenheit, der weisen Vorausschau und der Ein-*

sicht offenbar. Gottes-Erkenntnis und Gottesfurcht sind der Quellgrund für diese im Alltag wirkenden Gaben der Führung und Leitung. Wer nicht in Gott gründet, ist in Gefahr, Weitblick und weise Vorausschau zugunsten einer schlauen menschlichen Berechnung von Erfolg zu verlieren. Wie die beiden Tafeln der Zehn Gebote verhalten sich die so weltlich erscheinenden Tugenden des idealen Herrschers und die von ihm geforderte Frömmigkeit zueinander.

Charisma und Gemeinschaft

Noch viel deutlicher wird jedoch der Zusammenhang, wenn man die folgenden Sätze betrachtet. Die Ausrüstung des kommenden Königs mit den genannten Gaben geschieht immer schon im Blick auf die Wahrnehmung seines Amtes. Das Charisma des Geistes dient der ganzen Gemeinschaft. Der Gottesgeist bewährt sich in der vorrangigen Aufgabe eines Herrschers, nämlich im Rechtsprechen. „Er richtet nicht nach dem Augenschein, und nicht nur nach dem Hörensagen entscheidet er, sondern er richtet die Hilflosen gerecht und entscheidet für die Armen des Landes, wie es recht ist." Während die Menschen bei ihren Entscheidungen im Gericht auf das angewiesen bleiben, was ihnen von den streitenden Parteien vorgetragen wird, soll der kommende Herrscher durch den Geist Gottes die Dinge so sehen und entscheiden, wie sie wirklich sind. Die Unbestechlichkeit dieses

Messiaskönigs erweist sich vor allem in der Wahrung des Rechtes für die Personen, die gewöhnlich aufgrund ihrer Besitzlosigkeit und ihres geringen Ansehens ungerecht behandelt werden. An vielen Stellen beklagt Jesaja das herabgekommene Rechtswesen seiner Zeit. „Weh denen ..., die den Schuldigen für Bestechungsgeld freisprechen, und dem Gerechten sein Recht vorenthalten" (Jes 5,22f.). Der Weg zur friedlichen Gesellschaft ist nicht mehr die Gewalt, sondern die Macht der Überzeugung und des Wortes. Jesaja kann dies nur paradox sagen, indem er auf Formen gewaltsamer Herrschaftsausübung zurückgreift, diese aber zugleich ersetzt: „Er schlägt den Gewalttätigen – mit dem Stock seines Wortes und beseitigt den Verbrecher mit der Kraft seiner Rede."

Recht und Gerechtigkeit in Frieden

Der Prophet rührt an eine uralte und jederzeit höchst aktuelle Sehnsucht der Menschen: Lebendürfen in Recht und Gerechtigkeit. Es ist auch heute noch der feinste Gradmesser für jede Regierung und für jede Herrschaft, ob sie dem Hilflosen Recht widerfahren läßt, den Armen gegen Übergriffe schützt und das Antlitz des Geringsten achtet, oder ob die Herrschenden rücksichtslos zur Erreichung ihrer Ziele ihre zermalmende Gewalt einsetzen und sich über Menschenwürde und Menschenrechte hinwegsetzen. Wir erfahren in diesen Tagen besonders, wie berechtigt der Schrei nach dem Friedenskönig ist. „Denn er rettet den Gebeugten, der um Hilfe schreit, den Armen und den, der keinen Helfer hat. Er erbarmt sich des Gebeugten und Schwachen, er rettet das Leben der Armen. Von Unterdrückung und Gewalttat befreit er sie, ihr Blut ist in seinen Augen kostbar" (Ps 72, 12–14).

Wenn eine solche Unbestechlichkeit und Gerechtigkeit Frieden im Lande gewährleistet und die Sünde des Menschen in Schach gehalten wird, dann wird auch die Natur umgewandelt. Frieden soll nicht nur unter Menschen und Völkern, sondern im ganzen Bereich lebendiger Wesen sein. Nirgends mehr soll das Böse herrschen. Der Prophet lehnt sich an ein uraltes und ihm überliefertes Bild friedfertiger Harmonie zwischen Tier und Tier und Tier und Mensch an. Wo ein so in Recht waltender Herrscher die Ordnung aufrechterhält, wird die Heillosigkeit von der Welt genommen. Die Bilder sprechen für sich: „Dann wohnt der Wolf beim Lamm ... Kalb und Löwe weiden zusammen, ein kleiner Knabe kann sie hüten. Kuh und Bärin freunden sich an ... Der Säugling spielt vor dem Schlupfloch der Natter, das Kind streckt seine Hand in die Höhle der Schlange." Das Auge des Propheten richtet sich dabei nicht so sehr auf das friedliche Beieinanderwohnen von wilden Tieren, sondern auf die Beseitigung von Gefahr und Schaden für die Menschen. Das Bild hellt sich auf und deutet auf einen universalen Frieden hin: Der Schwache braucht den Starken nicht mehr zu fürchten. Der Vertrauende fällt nicht mehr dem Hinterlistigen zum Opfer. Eine neue Welt kündigt sich an, die Züge einer paradiesischen Harmonie trägt. Wenn ein treuer Hüter von Recht und Gerechtigkeit herrscht, kann die heile Urzeit wieder Wirklichkeit werden. Ein uralter Traum der Menschheit, der sich in vielen Mythen und Religionen findet, wird in diesen Bildern aufbewahrt.

Die Völker kommen von selbst zu diesem idealen Herrscher, sie beugen sich nicht der Gewalt, sondern suchen Rat und vertrauen seiner Führung.

Die Erfüllung

Ist diese Hoffnung erfüllbar? Ist sie nicht bloß erbauliche Utopie und tröstende Versprechung wie im Märchen? In der Gestalt eines irdischen Herrschers ist die große Wende nicht eingetreten. Das Judentum bittet darum Gott täglich um das Erscheinen eines solchen Messiaskönigs. Im Blick auf die Welt sagt diese Not der Erwartung etwas Wahres. Die Christen sind der Überzeugung, daß sich die Prophetie von diesem künftigen Herrscher aus Davids Geschlecht in Jesus von Nazaret erfüllt hat. Freilich ist trotz der offenen Bedeutung vieler Verheißungen und Anspielungen zwischen dem alttestamentlichen Prophetenwort und der neubundlichen Erfüllung ein ungeheuerer Unterschied. Der Messias kommt nicht mit Macht und wird auch nicht alle

Verhältnisse in dieser Zeit zum Guten wenden können. Aber auf ihm ruht Gottes Geist. Mit ihm will Gott inmitten unserer Sünde einen neuen Anfang machen. Er spricht das erlösende und befreiende Wort des Evangeliums, das auf Macht verzichtet und zur Liebe ruft. Die Kräfte der alten Welt sind noch am Werk, aber sie sind im Innersten schon gebrochen. Der Messias muß nicht nur Niederlagen und Wunden hinnehmen, sondern – unbegreifliche Torheit – er muß sogar sterben. Die Ohnmacht bekommt einen anderen Sinn. Gottes Sohn wird ein Kind. Zum Gloria der Engel gehören Krippe und Kreuz, Flucht nach Ägypten und Kindermord. Das Wort des Sohnes wird jedoch bleiben. Er wird seinen Geist mit den Gaben der Weisheit und Einsicht, der weisen Vorausschau und des kraftvollen Entschlusses, der Erkenntnis und der Furcht Gottes jedem mitteilen, der sich auf ihn einläßt. Dieser Messias kommt in unsere Welt. Steuerliste, Volkszählung, Niederkunft, Windel, Krippe, Herde – alles nichts Besonderes. Gott wird einer von uns. Und darum kommt eine Gegenbewegung in die Botschaft: Gott, Retter, Messias, Freude und Herrlichkeit – eine andere Welt. Es wird nichts weggelogen von dem, was den Menschen bedrückt. Aber ein Anfang der Hoffnung ist gesetzt. Im Zeichen des Kindes kann ein neues Zeitalter beginnen. „Der Geburtstag des Herrn ist der Geburtstag des Friedens", sagt der heilige Papst Leo der Große.

Gebet

Allmächtiger Vater, du kannst aus einem trockenen Wurzelstock neues Leben erstehen lassen. In diesem Bild hast du uns deine Treue zugesagt, auch wenn wir versagt haben. So haben die Menschen in der Erfahrung von Not und Unrecht immer wieder zu dir Zuflucht genommen. Du hast ihnen die Verheißung eines künftigen Herrschers in Frieden und Gerechtigkeit gegeben. Wir danken dir, daß du in Jesus Christus diese Hoffnung der Welt erfüllt hast. Er hat uns durch seine Geburt, seinen Tod und seine Auferstehung deinen Geist verliehen. Stärke in allen, die führen und leiten, den Geist der Weisheit und Einsicht, des Rates und der Entscheidung, der Erkenntnis und Furcht Gottes. Rufe jenen ins Gewissen, die arme, wehrlose und hilflose Menschen bedrängen. Wecke in ihnen wieder nach dem Bild deines Sohnes den Sinn für die Würde des Menschen. Tröste die Gefangenen und Verfolgten, die Hungernden und Leidenden. Laß alle in Gerechtigkeit und Frieden auf dieser Erde wohnen und führe einst alle Völker und Nationen zusammen beim großen Mahl in deinem Reich. Amen.

II.

SCHWELLE UND PFORTE

Das Lied der Armen

Das Magnifikat

Musik und Dichtung aller Zeiten haben dieses Lied der Hoffnung, das das jüdische Mädchen Mirjam-Maria singt und sagt, immer wieder neu zum Klingen gebracht. Maria eilte in das Bergland von Judäa, um Elisabet zu besuchen. Beide Frauen sind erfüllt von dem Geheimnis neuen Lebens, das in ihnen aufgeht. Leben verlangt nach Gemeinschaft; Freude will geteilt sein. Das Geheimnis der jubelnden Freude beider reicht weit. Mit prophetischer Kraft künden Elisabet und Maria von dem Wunder, das geschehen ist und sich vollends erfüllen soll.

Der Evangelist Lukas ist ein feinsinniger Schriftsteller, den die Überlieferung mit einem Maler verglichen hat. In der Tat ergeben wenige gut gewählte Worte ein farbig-anschauliches Bild. Die Maler der Jahrhunderte haben aus diesen Worten vieles schöpfen können. Es ist darum gut, wenn wir mit diesem großen Theologen der frühen Christenheit einen Blick auf Maria werfen. Hier finden wir mitten im Neuen Testament die Anfänge einer Marienverehrung. Sie können uns zu einem neuen Anstoß werden. Die letzten Jahrzehnte haben üppige Formen der Marienfrömmigkeit auch in der katholischen

Kirche zurückgedrängt. Unsere Gegenwart sucht jedoch in vielen Formen eine neue Annäherung an das Geheimnis Mariens.

Elisabet nennt den entscheidenden Grund für alles Lob: „Selig ist die, die geglaubt hat" (1,45 a). Die Heilige Schrift nennt Maria bereits „Mutter des Herrn" (vgl. 1,43). Alle Wertung bekommt Maria von ihrem Sohn her, dem Messiaskind. Ihre Mutterschaft darf jedoch nicht bloß eingeschränkt biologisch-physisch verstanden werden, sondern sie ist gerade in der leiblichen Dimension zuvor eine geistliche, hat tiefe Voraussetzungen in ihrem personalen Leben und ist ganz entscheidend eine Antwort des Glaubens. Maria steht damit in der Reihe der großen biblischen Glaubenszeugen, angefangen von Abraham. Die Erfahrung, daß bei Gott kein Ding unmöglich ist (vgl. Lk 1,37), durchzieht das ganze Alte Testament (vgl. Gen 18,14; Jes 55,11; Jer 32,17.27). Maria glaubt an den Gott des Wunders, der aus freier Liebe die Welt ins Dasein ruft, der bedrängte Menschen aus dem Tode rettet und der den Armen niemals im Stich läßt.

Alle Geschlechter werden sie seligpreisen. Nicht wegen ihrer eigenen Kraft und ihrer Verdienste, sondern im Blick auf das, was der Herr wunderbar an ihr beispielhaft getan hat. Maria selbst entfaltet ihre eigene Seligpreisung als Lobpreis des Erbarmens Gottes. Hinter dieser Erfahrung steckt eine unglaublich mächtige Sprengkraft der Hoffnung. Sie kommt im 2. Teil des Magnifikat mit kräftigen Worten zur Sprache. „Er vollbringt mit seinem Arm machtvolle Taten: Er zerstreut, die im Herzen voll Hochmut sind; er stürzt die Mächtigen vom Thron und erhöht die Niedrigen. Die Hungernden beschenkt er mit seinen Gaben und läßt die Reichen leer ausgehen" (1,51–53). Gott stellt nicht bloß unsere Maßstäbe auf den Kopf, sondern er kehrt auch unsere Verhältnisse um. Das in den Psalmen vorherrschende Thema der „Armen" ist hier zentral wieder aufgenommen. Sie sind zuerst gewiß die wirtschaftlich Armen, die auch heute noch um ihre nackte Existenz bangen. Aber es sind auch alle damit gemeint, die unterdrückt werden, krank sind, ausgenützt werden, einsam und verlassen sind. Und die Reichen sind nicht bloß die Mächtigen der Welt und die großen Besitzer, sondern – Mahnung für uns alle – die Stolzen, Satten, Selbstgenügsamen, Selbstzufriedenen. Das Wunder Gottes besteht darin, daß sein Heil allen Erfolgsregeln der Welt zum Trotz in die Niedrigkeit kommt. In der Armut der elenden Geschichte gibt es für alle ein Licht. Gott verbirgt sich im Kleinen, Vergessenen und im Geringgeschätzten. Maria singt das Lied der Armen, der kleinen Leute von der unbezwingbaren Hoffnung. Die Macht Gottes erweist sich in der grenzenlos rettenden, aufhelfenden und heilenden Liebe. Sie setzt sich zuletzt und auf ewig gegen alle böse Macht des Menschen durch. Vor Gott gibt es keine endgültig Verlorenen und Hoffnungslosen, es sei denn, wir sind zu stolz und ergreifen nicht seine rettende Hand, die uns entgegenkommt.

Das erbarmende Handeln Gottes hebt Maria aus allen Frauen der Erde heraus und macht sie zur Mutter *Gottes.* Dies ist einzigartig und gibt Maria ihren hohen Rang in der Heilsgeschichte. Sie ist nicht einfach nur „Fall“ und Beispiel. Sie tritt auch nicht in falscher Demut zurück, sondern tritt mit unbestechlicher Klarheit und Hoheit in die Mitte: „Siehe, von nun an preisen mich selig alle Geschlechter“ (1,48). Aber sie genießt dieses einzigartige Tun Gottes nicht für sich. Sie ist nur ein Spiegel Gottes. Martin Luther sagt in seiner Auslegung des Magnifikat zu dieser Stelle: „Beachte die Worte! Sie sagt nicht, man werde ihr viel Gutes nachsagen, ihre Tugend preisen ..., sondern nur davon, daß Gott sie angesehen hat, davon würde man sagen, sie sei selig. Das heißt doch, die Ehre Gott so rein geben, daß es nicht reiner sein könnte“ (Ausgabe Freiburg i. Br. 1982, 68 f.).

Maria kündet prophetisch von einem neuen Anfang für die Welt, den Gott durch seinen und ihren Sohn uns schenkt. Er war immer treu, handelt gnädig an ihr und wird auch künftig helfen. Die Armen im Lande sehen in Mariens Erwählung Gottes Heil und ihre eigene Befreiung. Ihr gilt die erste Seligpreisung des Evangeliums, weil sie das Wort Gottes bereitwillig angenommen hat. Allen voraus ist sie der erste Jünger und die treueste Botin Jesu Christi. Diese Stellung gibt ihr ihren Rang und ihre Würde. „Selig ist die, die geglaubt hat, daß sich erfüllt, was der Herr ihr sagen ließ“ (Lk 1,45). Aber Maria ist nicht allein. Sie hat stellvertretend für alle ihr Ja gesagt. Darum kann sie auch „Mutter der Glaubenden" oder „Mutter der Kirche" genannt werden. Die biblische Seligsprechung ist zugleich das Lied vom Lob Gottes und von der Hoffnung für alle, die ihn aufrichtig suchen.

„Siehe, von nun an preisen mich selig alle Geschlechter"

Vom Sinn der Marienverehrung

Manchmal spürt man die Fronten, die auch heute noch Katholiken teilen können. Auf der einen Seite stehen jene Christen, die ein bewundernswert selbstverständliches, einfaches und durchsichtiges Verhältnis zu Maria haben. Für sie gehört der Weg über Maria nicht an den Rand, sondern in die Mitte ihres Glaubens. Auf der anderen Seite stehen viele, denen Marienverehrung wenig sagt. Sie erblicken darin einen unnötigen Seitentrieb im Ganzen des christlichen Glaubens und Betens. Sie halten die herkömmliche Gestalt der Marienverehrung für infantil. Nicht wenige Frauen können Grundworte des Lebens Marias nicht mehr hören, nämlich Opfer und Hingabe, da sie – so meinen sie – zu Feigenblättern für raffinierte Weisen der Unterdrückung geworden sind. Manche führen theologische Gründe an: Maria stehe Jesus Christus im Weg. Sie werde eine eigene und für sich gültige Größe neben Gott. So werde der Graben zwischen der katholischen Kirche und den Kirchen der Reformation immer größer.

Wenn wir darauf eine kleine Antwort versuchen, behalten wir beide im Auge, den begeisterten Marienverehrer und die mannigfach bedingte Ablehnung. Wir wollen gemeinsame Grundzüge herausarbeiten, die der Marienverehrung Maß und Gestalt geben.

Die Magd des Herrn

Von Maria kann man nie allein reden. Das Eigene Marias gibt es nur dadurch, daß ihr ganzes Leben auf Gott in Jesus Christus verweist. In jeder Hinsicht verdankt sie sich Gott selbst. Darum ist ihre ganze Existenz Dienst und Gehorsam. Es gibt nichts an ihr, was nicht auf Gott und seinen Willen hin durchsichtig wäre. Sie ist dies in doppelter Weise. Einmal ist sie dies nur, weil Gott ihr alles geschenkt hat. Sie ist *das* Bild von Gottes reiner Gnade und Barmherzigkeit. Alles, was von ihr zu sagen ist, muß davon ausgehen, daß sie in der vollkommensten Weise die Erlösung empfangen hat.

Sie ist der Mensch, wie Gott ihn gedacht hat. Sie ist die schönste Frucht der Erlösungstat Jesu Christi. Dazu kommt eine andere Dimension. Maria war nicht einfach ein willenloses Werkzeug, mit dem Gott seine Heilsveranstaltung durchgeführt hat. Sie hat seinen Ruf gehört und ist der Einladung Gottes gefolgt. Ihr Ja ist selbst wiederum getragen von Gottes zuvorkommender Gnade. Marias Antwort auf den Ruf vollzieht Hören und Annehmen des Wortes und Willens Gottes in einem ursprünglichen Sinn. Darum wird das Menschliche in ihr auch auf das höchste beansprucht. Von ihr her ist alles Bereitschaft und Offenheit, die unendlich erfüllt werden. Alles, was Maria tut, ruht auf ihrem Fiat: Ich bin dazu bereit. Dieses personale Ja durchdringt alle Dimensionen ihres menschlichen Lebens, Bios und Gesinnung, Physis und Person, Denken und Tat.

Mutter des Messias

Alle anderen Aussagen leiten sich von diesem Ursprung ab. Die Marienverehrung darf nicht von der individuellen Auszeichnung Marias ausgehen. Alles hängt an zwei Momenten, die ihr Tun ausmachen. Da ist einmal die Größe ihrer Sendung. Sie soll die Mutter des Messias werden. Dies ist der höchste Platz, den ein menschliches Geschöpf, durch die Gnade Gottes in der Erlösung selbst beansprucht, einnehmen darf. Das Gewicht dieser Sendung, die Mutter des Sohnes Gottes zu sein, kann nicht überboten werden. Zugleich wird der Rang ihres Tuns aber auch von der größtmöglichen Bereitschaft zur Aufnahme und Durchführung dieses Rufes bestimmt. Da ist keine Spur von Verfügenwollen und Besitzanspruch. Wer nur in den Kategorien der „Selbstverwirklichung" und der eigenen Sicherheit denkt, versteht nicht, was hier vor sich geht. Objektives Moment, nämlich der Auftrag zur Mutterschaft des Messias, und subjektives Moment, nämlich höchste Empfangsbereitschaft für diesen Auftrag, decken sich hier in einer nahtlosen Weise. Hier wird ein vollkommen dienstbereiter Glaube offenbar. Marias Glaube ist so etwas wie die letzte Frucht des Alten Bundes. In ihr ist alle prophetische Kunst des Wachens und Hörens auf Gottes Wort und Wink an ihr Ziel gelangt.

Marias Ja steht nicht allein. Es ist das Echo jenes Wortes, das der Sohn des Vaters selbst ist. Maria sagt ja, weil der Sohn die Sendung des Vaters angenommen hat. Indem Jesus einer von uns wird, verdankt er sich einer menschlichen Mutter. Es gibt keinen vereinzelten Menschen. Gott braucht eine menschliche Mutter für das Kommen seines Sohnes. Er kommt wirklich zu *uns*. Er setzt sich dem menschlichen Werden und dem freien Ja einer Frau aus. Dennoch darf man sich dies nicht nach dem Muster natürlicher Fruchtbarkeit denken. Hier ist Gott in letzter Unmittelbarkeit Anfang und Ursprung des Lebens. Darum vollendet sich in diesem jungfräulichen Empfangen das Geschöpfsein überhaupt: in einer Frau. Dies macht ihre unvergleichliche Würde aus. Maria ist das Urbild des Menschen, der sich ganz und gar, bis auf den Grund der Existenz Gott verdankt.

Das freie Ja

Wer Maria so sieht – und anders kann man sie gar nicht verstehen –, der entfernt sich nicht von Gott und von Jesus Christus. Hier öffnet sich das ganze Geheimnis Gottes in letzter Konzentration. Dies bedeutet aber für jede Marienverehrung und für jede theologische Rede von Maria ein Maß und ein Kriterium: Man muß dem Geheimnis Marias seine ganze unendliche Weite lassen. Wenn man Marias Auftrag isoliert und auf einige Teilaspekte beschränkt, macht man alles verdächtig. Man darf dies nicht falsch verstehen. Es kommt uns allein darauf an, das Eigene und die Eigenständigkeit Marias aufzuzeigen, die freilich darin bestehen, Bereitschaft und Verweis auf den dreifaltigen Gott zu sein. Alles, was „eigen" genannt werden kann, ist hier ja dem Schöpfer und Erlöser verdankt. Wer diesen Grundbezug in der Person und im Werk Marias verkürzt, zerstört das Geheimnis der Menschwerdung Gottes. Gott will im freien Ja Marias das Gegenüber des Geschöpfes, das von ihm selbst zur Mitwirkung an Gottes Heilshandeln ermächtigt wird. Wer das umfassende Geheimnis Marias verkürzt und ihm die innere Tiefe und Weite nimmt, steht in Gefahr, auch das Christliche selbst zu reduzieren.

Mutter Gottes

Was hat dies aber mit unserem Heil zu tun? Genügt nicht Jesus Christus, unser Bruder? Gewiß, Jesus ist der einzige Mittler des Heils. Er gehört als Mensch ganz auf unsere Seite: Er ist der zweite Adam, er ist der Wortführer der ganzen Menschheit, er tritt für uns und mit uns vor den ewigen Vater. Aber er ist nicht nur unser Bruder. Er ist als der Gott-Mensch zugleich derjenige, der von Gottes Seite zu uns kommt. So sehr er auch in seiner menschlichen Natur mit uns den Vater anbetet, so ist er doch zugleich der, den wir als unser ewiges Ziel anbeten. Das Geheimnis Jesu besteht gerade darin, daß er beides ist, Gott-Mensch und Mittler zwischen Gott und Mensch. Wer in Jesus freilich nur den Menschen und nur den Bruder sieht, für den ist seine Mutter eher entbehrlich. Es ist dann wohl für einen solchen eher eine zweitrangige Frage, wie Gott in Jesus zu uns gekommen ist. Wenn wir aber im Blick auf dieses Geheimnis des Sohnes, der Gott und Mensch ist, auf Maria schauen, dann entdecken wir, daß sie *ganz* auf unserer Seite steht. Sie muß das Erbarmen Gottes empfangen wie wir, wenn dies auch auf eine einzigartige Weise geschieht. Sie lebt in vollendeter Weise das, was wir selber vor Gott einmal sein möchten. Was sie ist, das sollen in einem letzten Sinne auch wir werden. Als bloßes Geschöpf gehört sie bei aller Einmaligkeit ihrer Bedeutung zur Menschheitsfamilie. Darum ist uns Maria so vertraut. Darum lieben wir sie. Darum haben wir zu ihr ein so großes Vertrauen. Darum empfinden wir ihre Fürbitte, ihren Schutz und ihre Nähe so menschlich. Jesus kommt uns so näher. Die Mutter führt uns von selbst zu ihm. In diesem Sinne ist sie der kürzeste Weg zu Jesus. Zugleich verhilft sie uns zur rechten Distanz ihm gegenüber: Er ist der *Herr und Richter* unseres Lebens. Ohne die Nähe der Mutter verliert Jesus leicht seine geschichtliche Faßbarkeit. Er wird abstrakt, zu einem Programm, einer theologischen Idee, einem Symbol für eine neue Moral, einem Stimulans für gesellschaftliche Veränderungen.

Wie verehren?

Wie sollen wir Maria verehren? Dafür gibt es viele Formen, die dem Christen zur Verfügung stehen. Ich denke, wir sollten immer wieder auf jene drei Gebete aufmerksam machen, die im Zentrum der von der Kirche gebilligten Marienverehrung stehen. Es sind dies das Ave-Maria (Gegrüßet seist du, Maria), der Angelus Domini (der „Engel des Herrn") und das Rosenkranzgebet. Eigentlich kreisen diese Gebete um das Geheimnis der Menschwerdung, wie es im Ave-Maria zum Ausdruck kommt. Allen diesen Gebeten ist eine erstaunliche Nähe zur Bibel zu eigen. Auch ist nicht zu verkennen, wie sehr diese Gebete im Kern auf Jesus Christus und das in ihm erschienene Heil konzentriert sind. Nur so konnten diese Gebete über Jahrhunderte hindurch den Christen zum gemeinsamen wie auch zum persönlichen Beten empfohlen werden. Sie laden uns auch heute nachdrücklich dazu ein.

III.

ZUGANG UND EINTRITT

Gott hat uns zuerst geliebt

Wie man von Weihnachten reden soll

Weihnachten ist der Christen liebstes Fest. Es fällt jedoch den Theologen und Predigern gar nicht so leicht, in angemessener Weise darüber zu reden. An der Art und Weise, wie man dieses Fest feiern soll, entzünden sich viele Streitigkeiten in unseren Häusern. Es sind wohl zwei alte und tiefe Verlegenheiten, die hinter diesen und ähnlichen Schwierigkeiten stecken.

Zunächst gibt es eine Deutung der Geburt Jesu Christi, welche im irdischen Erscheinen Gottes die Verklärung der Welt erblickt. In der Menschwerdung hat Gott schon ein für allemal die Welt unter seine Herrschaft gebracht. Die himmlischen Kräfte haben bereits vom ganzen Kosmos Besitz ergriffen. Zwar steht die letzte Vollendung noch aus, aber dies ist die Frage eines zeitlichen Prozesses, in dem Gott sich durchsetzen wird. Die Menschwerdung Gottes ist schon der Sieg über das Leid und den Tod. Dieses Denken kreist ganz um die Einheit des Menschlichen und Göttlichen im Ereignis der Menschwerdung. Das Wunder dieser Geburt Jesu Christi versammelt alles in sich, so daß das nachfolgende Leben Jesu fast zweitrangig erscheint. Im Grunde ist alles schon geschehen.

Weihnachten ist dann das wichtigste und zentrale Fest des christlichen Glaubens. Eine solche Sicht ist nicht falsch, aber sie kann zu bedenklichen Einseitigkeiten führen. Sie kann blind machen für die brutale Wirklichkeit des Leidens, betrachtet die Sünde nur als rasch überwindbares Durchgangsstadium und erblickt die Welt vor allem im Licht einer schon endgültig erfolgten Rettung. Auch und gerade unser säkularisiertes Weihnachtsfest hat noch diese und ähnliche Züge an sich: Viel Flitter täuscht über Grauen und Ungerechtigkeit in der Welt hinweg: flimmernde Lichtreklame lenkt für kurze Zeit von den Sorgen ab: die Finanzämter versenden für die Festzeit keine Steuerbescheide mehr.

Nicht zuletzt aus Protest setzen einige gegen diese für sie voreilige Verklärung der Welt Kreuz und Krippe, die fremde Herberge und den Stall. Am Ende steht dann der Galgen. Die Geburt des Herrn ist der Anfang seines Kreuzweges. Sie ist eine Geschichte des Elends, weist auf die Brüche zwischen Glauben und Welt und ist eher schockierend als verklärend. Auch diese Deutung kann sich auf die Schrift, mindestens auf einige ihrer Aussagen, beziehen. Mit Weihnachten bringt man dann eher die fehlende Menschlichkeit in der Welt zur Sprache. Weihnachten schafft Solidarität mit all jenen, die den Unmenschlichkeiten von damals und heute ausgesetzt bleiben. Wer könnte leugnen, daß damit notwendige Gegenakzente gesetzt werden? Aber nicht selten wird dann nicht mehr weitergefragt nach der Herkunft und der Bedeutung Jesu.

Auch hier gibt es ähnliche säkularisierte Ersatzgestalten: Weihnachten und die Geburt Jesu werden zu reinen Symbolen für Freundlichkeit, Austausch von Nettigkeiten und Menschlichkeit. Dies ist nichts Negatives, aber das menschliche Suchen nach Jesus kann sich dabei nicht einfach beruhigen.

Verborgenes Geheimnis

Wer diese beiden Formen der Rede über Weihnachten kennt, wird nicht versucht sein, sie oberflächlich miteinander zu versöhnen. Unbesonnene Verklärung der Menschwerdung Gottes kann den Menschen Jesus und seine Menschlichkeit so aufsaugen und verzehren, daß eine wundersame, aber unglaubwürdige Mär übrigbleibt. Die Beschränkung auf Kreuz und Krippe kann die Frage nicht verbergen, warum dieser armselige Anfang eines noch erbärmlicheren Endes die Welt aus den Angeln heben und unsere ganze Zeitrechnung bestimmen soll. Warum soll dieser winzige Punkt der Geschichte diese weltumspannende Bedeutung haben?

Ich meine, man sollte bei der Suche nach dem rechten Anfang, wie man über Weihnachten spricht, auf die Hl. Schrift achten. Zu sehr sind für uns Stall, Krippe und Heiland in einer fast zweitausendjährigen Überlieferung zusammengewachsen. Woher wissen wir, was sich bei der Geburt des Herrn begibt? Wir wissen es jedenfalls nicht von uns aus. Boten Gottes eröffnen uns eine verschlossene Wirklichkeit. Die Ereignisse um die Geburt Jesu brauchen offenbar diese Hilfe, um überhaupt zur Sprache gebracht werden zu können. Die großen Worte sind offensichtlich notwendig. „Fürchtet euch nicht, denn ich verkünde euch eine große Freude, die dem ganzen Volk zuteil werden soll: Heute ist euch in der Stadt Davids der Retter geboren; er ist der Christus, der Herr" (Lk 2,10f.). Man sieht es diesem Ereignis nicht an, daß es über den Kreis der Eltern und Angehörigen hinaus „dem ganzen Volk" eine ungewöhnliche Freude bereiten soll. Die Umstände von Jesu Geburt sind nicht gerade ein unmittelbares Zeugnis dafür, daß er „Sohn Gottes" ist. Der Engel spricht also aus, was geschieht. Mit unseren Ohren und Augen, die weitgehend nur das Handgreifliche und das Nachprüfbare gewohnt sind, bleiben wir auf der Strecke. In der Unscheinbarkeit alltäglicher und immer wiederkehrender menschlicher Ereignisse verbirgt sich eine besondere Geschichte. Im Elend der Welt versteckt sich ein ganz ungewöhnliches Ereignis. Gott ist uns nicht schlechthin verborgen, aber er offenbart sich in ganz unvermuteter und geradezu gegensätzlicher Gestalt. So hart steht auch im Neuen Testament neben der großen Freude für alle Menschen das Geheimnis dieser Geburt: „Und das soll euch als Zeichen dienen: Ihr werdet ein Kind finden, das, in Windeln gewickelt, in einer Krippe liegt" (Lk 2,12). Der Engel allein kann uns dies sagen.

Wenn Gott arm wird ...

Wie sehr Weihnachten unser Denken über Gott verändert, wenn wir es verstehen wollen, zeigt gerade das Kind im Stall. Wir denken beim Nennen des Wortes „Gott" vielleicht zuerst an seine unbegrenzte Allmacht, seine Naturwunder und an sein geschichtsmächtiges Wirken. Bei der Geburt Jesu offenbart sich diese Macht Gottes quer zu unseren gängigen Vorstellungen. Sie zeigt sich im Entschluß Gottes zum Abstieg. „Daß die allmächtige Natur imstande war, auch zur Niedrigkeit des Menschen herabzusteigen, darin liegt ein viel deutlicherer Erweis ihrer Macht als in der Größe ihrer Wunder ... Gottes Herabsteigen ist ein gewisses Übermaß an Macht, für die auch in dem kein Hindernis liegt, was ihrer Natur entgegengesetzt scheint ... Die Hoheit erscheint in der Niedrigkeit, und doch wird die Hoheit dadurch nicht erniedrigt" (Gregor von Nyssa).

Abstieg allein sagt noch nicht viel. Jemand kann sich sehr gnädig „herablassen", aber doch hoch zu Roß sitzen bleiben. Jemand kann sich für uns interessieren, aber doch zuerst nach seinem Vorteil schielen. So viele erklären sich interessiert für uns, für die Verbesserung der wirtschaftlichen Situation, für die Linderung von Schmerzen, für die Hebung unseres Lebensstandards. Mancher mag sich auch für unsere Person interessieren. Aber wie oft geht es nur darum, dem Interessenten seine Ware abzunehmen, seine politische Überzeugung zu unterschreiben und seine Bedingungen zu erfüllen.

Vor keiner Grenze macht ein solches Denken halt. Menschen können sich auch noch im Zeichen anspruchsvollster Liebe ausnützen und ausbeuten. Je mehr die Dienstbereitschaft und das selbstlose Interesse beschworen werden, um so größer ist die Enttäuschung, wenn sich herausstellt, daß alles nur Betrug war: Man wollte mich selbst doch nicht, zutiefst war ich uninteressant, ich war nur Mittel zum Zweck.

Das Wort Gottes hätte keinen Sinn, wenn es bei seinem Abstieg auch so wäre. Hier interessiert sich einer für uns, der keine Hintergedanken hat und keinen Gewinn davonträgt. Gott hat nichts davon, wenn er Mensch wird. Wenn Gott arm wird, will er nicht Barmherzigkeit auslösen, um insgeheim ein reicher Bettler zu werden. Der Reichtum seiner Liebe ist nicht auf Kosten anderer entstanden. Die liebende Zuwendung ist ursprünglicher Überfluß, der nicht zuvor gesammelte Almosen verteilt. Und darum ist diese Liebe Gottes zum Menschen von innen her überfließend: Ihr ist nichts zuviel, sie fürchtet keine Situation, sie wird nie müde. Darum meidet sie weder Kreuz noch Krippe, weder Pilatus noch Herodes. Der unermeßlich reiche Gott wurde arm, um die Menschen reich zu machen.

Was er annimmt, erlöst er auch

Da Gott mit vollem, ja blutigem Ernst Mensch wird, teilt er auch das ganze Geschick des Menschen. Er streift nicht nur wie ein leuchtender Komet den Lauf der Zeit. Er erleidet all das, was unzählige Namenlose vor und nach ihm erduldet haben. Er nimmt es aber nicht so an, daß er nur Theaterrollen spielt oder sich verschiedene Uniformen anzieht. In der Menschwerdung nimmt Gott die menschliche Natur so an, daß er ihre Tiefen und ihre Nöte ausleidet. Er erfährt von der Krippe bis zum Kreuz die Schikanen und die hinterhältigen Fallen der Menschen. Jesus leidet an der Härte der Menschen, an ihrer Herzenshärte, an ihrer Unbußfertigkeit, am Haß, an den Krankheiten seiner Mitmenschen und an der Verachtung, welche verschiedene Menschengruppen seiner Zeit hinnehmen müssen.

Jesus gibt uns durch die Annahme und das geduldige Ausleiden dieser Situationen nicht nur ein Beispiel. Sein Vorbild ist unersetzlich, aber es beschreibt noch nicht ausreichend den Sinn seiner Menschwerdung. Er hat die menschliche Natur in ihren Höhen und Tiefen so angenommen, daß er ihr Unheil überwunden und Heilung gebracht hat. Menschwerdung Gottes ist zwar ein einmaliges Ereignis, aber zu ihr gehört auch die ganze Geschichte dieses Lebens. Und so gibt es keine menschliche Situation, die durch das Leben Jesu nicht eine innere Umwandlung erfahren hätte. Weil Gott in Jesus Christus alles, was er angenommen hat, auch erlöst hat, darum gibt es grundsätzlich keine menschlichen Situationen mehr, in denen nicht die Liebe über alle Gestalten des Hasses und des Todes siegen könnte. Es gibt keinen Ort und keinen geschichtlichen Aufenthalt, der nicht zu einer Möglichkeit des Heils werden kann.

Dies wird bereits bei der Geburt Jesu beispielhaft deutlich. Überhaupt sagt jede Erzählung des Neuen Testamentes, jede Szene und jedes Wort des Herrn zunächst einmal alles, was über ihn zu sagen ist. Darum enthalten auch die Geburtsgeschichten bei Matthäus und Lukas gleichsam das ganze Leben Jesu. Man muß sie nur ganz und sorgfältig in allen ihren feinen Nuancen und Anspielungen lesen: Heimatlosigkeit, Kargheit des Lebens, Zurückweisung in der Not, Kindermord, Flucht. Mitten in diesem Elend der Geschichte gibt es jedoch die Kunde des Engels, die Verheißung vom Frieden auf Erden und die wenigen Treuen, die für das Kind sorgen.

Niemand von der Freude ausschließen

„Große Freude allem Volk" – diese Botschaft schließt alle ein: alle Rassen und Klassen, Bürger und Fremdlinge, Reiche und Arme, Ankläger und Verurteilte, Heiden und Gottlose. Darum ist die Weihnachtsfreude im Grunde für den Christen nicht teilbar. Frohe Weihnachten – dies darf kein frommer Wunsch sein, er muß vielmehr höchst real verwirklicht werden. Darum können

Geschenke, und seien sie noch so irdisch und so weltlich, durchaus sinnvoll sein. Aber sie und unsere Wünsche dürfen nicht einfach vertrösten. Man kann ja noch mit den freundlichsten Geschenken auf Distanz gehen und sich selbst zurückbehalten, um ungeschoren zu bleiben. Wer die Freude der Engelbotschaft von Weihnachten verstanden hat, verschiebt nichts, sondern macht *jetzt* froh. Gott kommt in unserem Alltag auf uns zu. Die Schwierigkeiten, die in unserem Leben begegnen, sind seine Krippe und sein Kreuz. Der unbekannte Nächste, dem ich zufällig begegne, ist er selbst als der geringste Bruder. Darum ist es nur konsequent, wenn die christlichen Kirchen die weihnachtliche Freude durch Besuche bei Gefangenen, Heimatlosen und einsamen Menschen sowie durch gastliche Aufnahme von Menschen in Not, Elend und Trauer brüderlich teilen. Und schließlich weitet sich der Blick an Weihnachten in besonderer Weise auf die ganze Menschheit: Die kirchlichen Aktionen „Brot für die Welt" und von katholischer Seite seit langem eine besondere Hilfe für den lateinamerikanischen Kontinent („Adveniat") erinnern, wie sehr es an Gerechtigkeit und Liebe in der Welt fehlt.

Der Mensch würde sich überfordern und quälen, wenn er solche grenzenlose Freude aus sich allein erzeugen müßte. Sie ist ihm jedoch vor all seinem Tun bereits geschenkt. Weihnachten sagt, daß Gott uns zuerst geliebt hat. Diese Gabe Gottes wird gerade heute zu einer in ihrem Ernst noch gar nicht ermessenen Aufgabe: Weihnachten gibt uns das Licht, in dem wir jeden Menschen als geliebt erkennen können. Wo Gottes Liebe so hell leuchtet, werden aber auch das Dunkel und die Unordnung unserer Geschichte mehr zum Bewußtsein kommen müssen und aus der großen Freude dieses Festes unseren Einsatz für ein wenig mehr Licht und Leben in der Welt provozieren.

Er kommt nicht ohne uns

Es ist müßig zu spekulieren, wie Gott es hätte anders machen können. Er ist einer von uns geworden, aber er ist schon bei seiner Menschwerdung nicht ganz ohne uns gekommen. Das Wort Gottes wollte Fleisch werden, indem einer von uns ihm seine letzte Bereitschaft und sein eigenes Leben schenkte. Wir können Weihnachten nur feiern, weil es das Ja der Mutter zu diesem Ruf Gottes gibt. Marias Wort ist fundamental und unüberbietbar. Weil diese Zustimmung zum Kommen Gottes in unsere Welt und in die vielen Situationen jedoch immer wieder gegeben werden muß, steht Marias Jawort nicht völlig allein. Die Geschichte der Ankunft Gottes ist noch nicht zu Ende. Die Menschwerdung Gottes, gewiß ein für allemal geschehen, will sich nicht bloß einschränken auf das, was sich damals begeben hat. Eine lange Tradition von der Geburt Gottes im Herzen der Glaubenden erinnert uns an diese oft vergessene Dimension. „Wird Christus tausendmal zu Betlehem geboren / Und nicht in dir, du bleibst noch ewiglich verloren" (Angelus Silesius). Das inwendige Licht der Gnade schenkt den Anfang, möchte seine Strahlkraft aber auch dem mitteilen, was noch dunkel ist und im Finstern wohnt. Der Glaube an die Geburt Jesu Christi kann nur lebendig bleiben, wenn er nicht nur dankbare Erinnerung bleibt, sondern stets neu Zeugnis und Sendung wird.

Voraussetzung dafür sind Menschen wie die Hirten von Betlehem, die eine Witterung haben für die Zeichen der Zeit, das freie Feld der Welt nicht fürchten und wachsam sind. Der Glaube der Einfachen hat offenbar bessere Augen als das aufgeblähte Wissen der Schriftgelehrten. Nur so kann man die Weihnachtsbotschaft des Engels vernehmen, daß nämlich in diesem Menschenkind Jesus von Nazaret Gott zur Welt gekommen ist.

„Ungläubig hörten wirs – doch gern"

Warum ist Weihnachten für viele ein schwieriges Fest geworden? Es gibt gewiß für theologisch Informierte einige Gründe, die in der Situation des Nachdenkens über Jesus Christus begründet liegen. Die sogenannte Christologie „von oben", welche im Verständnis Jesu Christi ganz bei der absteigenden Bewegung von Gott und vom Himmel her einsetzt, hat zwar wieder an Boden gewonnen, aber sie hat es immer noch schwer. So tritt sie oft in den Hintergrund der Bemühungen und auch des Interesses. Die wichtigsten Gehalte des Weihnachtsfestes gehören aber der Christologie „von oben" an, um vorläufig bei diesem Schlagwort zu bleiben: Geburt aus der Jungfrau Maria, ewige Gottessohnschaft, Menschwerdung Gottes, Epiphanie. Vielen erscheint ein anderer Zugang zu Jesus von Nazaret plausibler: Ausgehend von seiner irdischen Gestalt und Tätigkeit, stehen Jesu Verkündigung der Nähe des Reiches Gottes, die Bergpredigt, seine Gesetzeskritik, sein Eintreten für Außenseiter des damaligen gesellschaftlichen Lebens und die Bewährung seiner Sendung in Passion, Tod und Auferweckung in der Mitte. Das ist eine andere Denkweise. Die Weihnachtsgeschichte erscheint vielen demgegenüber als späte Legendenbildung, mythische Verbrämung und nachträgliche Verherrlichung eines in Wirklichkeit eher armseligen Anfangs. Der Säugling in Heu und Stroh sei im übrigen kein ernsthafter Anknüpfungspunkt für den modernen Menschen. Viele Theologen unterstreichen zusätzlich, daß der christliche Glaube mit der Botschaft des Gekreuzigten und Auferstandenen beginnt. Das Weihnachtsfest sei ohnehin später (im 4. Jahrhundert) eingeführt und könne heidnische Anregungen und Vorbild-Elemente (Geburtsfeste usw.) nicht ganz verleugnen. Lassen wir vorläufig einmal diese Zweifel auf sich beruhen.

Vielfache Ernüchterung

Diese Bedenken berühren sich mit den Zweifeln jener, die Weihnachten ohnehin als das am meisten mißbrauchte, verweltlichte und entleerte christliche Fest betrachten. Das Geschenk, der Christbaum und die Krippe können das wahre Geheimnis vernebeln. Weihnachten fällt für viele mit einem großen Jahrmarkt der Geschäftemacherei zusammen, wo eine konsumorientierte Welt den Höhepunkt des Jahres feiert. Geschenke werden nur noch nach ihrem Geldwert oder ihrer unmittelbaren Zweckdienlichkeit, nicht aber mehr nach der Person, die es schenkt, und nach der Art, wie es geschenkt wird, bemessen. Ist Weihnachten darüber hinaus nicht weitgehend eine Sache des wohlfeilfrommen Gefühls? Dieses Gefühl steht jedoch nicht in Übereinstimmung mit dem, was wir sonst tun: Viele denken das ganze Jahr nicht an Jesus von Nazaret und leben auch nicht nach seiner Botschaft. An Weihnachten kommt eine vage wehmütige Kindererinnerung auf, Rückkehrstimmung in eine versunkene, ferne und verlorene Heimat. Die Sentimentalität dieser Gefühle liegt auf der Hand: man nimmt sie in Wirklichkeit nicht ernst. Weihnachten deckt für einen Moment die brutale Wirklichkeit unserer Welt zu: draußen auf den militärischen und wirtschaftlichen Schlachtfeldern, aber auch drinnen im Alltag von Ehe und Familie. Ist Weihnachten nicht ein zutiefst verlogenes Fest, das die Menschen nur deshalb brauchen, weil sie wenigstens für eine kurze Weile sich gerne betrügen lassen wollen über das, was ist?

Ich will niemand das Weihnachtsfest nehmen, auch nicht den Christbaum madig machen und die Geschenke vergällen. Vielmehr möchte ich zur wirklichen Feier hinführen. Aber ohne gründliche und auch kritische Besinnung geht dies nicht. Die Dichter sprechen die Zweifel schon lange aus. Hermann Hesse schreibt im Dezember 1917, anläßlich der vierten Kriegsweihnacht: „Auch früher schon, ehe die große Mahnung an uns ergangen war, bekam ich an Weihnachten je und je leise Widerstände, bekam einen etwas unangenehmen Geschmack auf der Zunge zu fühlen, wie bei einer Sache, welche zwar hübsch, aber nicht ganz echt ist, welche zwar allgemein Vertrauen und Achtung genießt, welcher man aber ganz heimlich doch ein wenig mißtraut." Ist die Welt durch Weihnachten besser geworden? Peter Huchel bringt beredt die allgemeine Skepsis zur Sprache: „Ungläubig hörten wirs – doch gern. / Viel Jammer trug die Welt. / Es schneite stark. Und ohne Stern / ging es durch Busch und Feld. / Gras, Vogel, Lamm und Netz und Hecht, / Gott gab es uns zu Lehn. / Die Erde aufgeteilt gerecht, / wir hättens gern gesehn."

Nüchterne Weihnacht

Von dieser fast grausamen Ernüchterung ist es gar nicht mehr so weit zum wirklichen Weihnachtsfest. Alles geschieht in der Enge des irdischen Daseins: in einem Stall, wo Mensch und Vieh zusammengepfercht sind. Es geht ganz alltäglich zu: dem Kind umwickelt man – wie jedem Neugeborenen damals – mit Lappen die kleinen Glieder, daß sie sich nicht verbiegen. Aus Raummangel legt man das Kind in einen Futtertrog. Nicht die Mächtigen interessieren sich für dieses Kind, sondern arme Leute sind die ersten Menschen, die es finden. Was uns in der Schrift erzählt wird, hat nichts Rührseliges und Sentimentales an sich. Alles ist sehr real. Ja, die ganze Weihnachtsgeschichte steigert das menschliche Ausgesetztsein noch viel mehr: der Mord unschuldiger Kinder nur aus Angst vor Machtverlust, die Flucht nach Ägypten, das verborgene Leben Jesu in der alltäglichen Enge des kleinen Nazaret.

Am Stoff, aus dem die Geschichte der Menschen gebildet wird, fehlt es also nicht. Große Künstler unserer Zeit wie Otto Pankok (Die Passion) und HAP Grieshaber (Reutlinger Passion, vgl. die Buchausgabe zusammen mit W. Jens, Jesus von Nazaret, Stuttgart 1978) haben nicht zufällig die Passion – und theologisch mit Recht – schon mit der Kindheitsgeschichte beginnen lassen. Die Weihnachtsgeschichte wird verfehlt, wenn man aus ihr nur die wunderbare Geburt Jesu allein, das Idyll mit den Hirten und die Engelstimmen heraushört. Unsere Welt ist erstaunlich nahe bei diesen Erzählungen: Morden unschuldiger Menschen, Hungertod von Kindern, Terror der Machtkämpfe, Flüchtlingsschicksale, Gastarbeiterprobleme, Exil, Angst vor Krieg und Not, Menschen ohne Arbeit. Nein, das biblische Weihnachten kennt nicht den faulen Zauber und den verlogenen Flitter.

Das Wunder mitten im Alltag

Wir dürfen jedoch nicht nur an das Leid und die Schattenseiten der Erzählung allein denken. In der Weihnachtsgeschichte werden auch gute Dimensionen des menschlichen Lebens offenkundig: Sorge für das noch ohnmächtige Kind, Freude an seinem Dasein, geduldiges Überwinden von Schwierigkeiten, Hilfe durch nahe Menschen, Hoffnung auf bessere Zeiten. Dies alles ist bedeutsam, aber es allein würde die Anziehungskraft der Weihnachtsgeschichte nicht erklären können. Es käme nur zu einer Verdoppelung des großen Leids und der kleinen Freuden des Lebens. In dieser Geschichte ereignet sich offensichtlich etwas, was bei aller Alltäglichkeit das Bekannte sprengt. Dieses Außergewöhnliche wird uns in der Weihnachtserzählung auf vielfache Weise buchstabiert: Die einzigartige Geburt Jesu von der Jungfrau Maria weist darauf hin, daß Jesus aus einer Welt kommt, in der andere Regeln gelten als diejenigen, die unsere tägliche Erfahrung bestimmen. Gott selbst ergreift die Initiative und naht sich dem Menschen. Israel vergleicht ihn mit einem Herrscher aus dem Hause Davids. Die Hirten setzen einen neuen Akzent ins Bild: Nicht nur Palästina, sondern die ganze Welt ist sein Herrschaftsgebiet. Das Kind in der Krippe soll allem Volk große Freude bringen. Voll enthüllen erst die himmlischen Heerscharen den Sinn des Ereignisses: „In den Himmeln: Gottes Macht! Licht! Und Herrlichkeit! Auf der Erde: Gottes Frieden! Frieden allen, die er liebt!" (Lk 2,14 in der Übersetzung von W. Jens). Aber dies sehen nur die Augen des Glaubens, und solches hören nur die, die sich von Gott etwas Neues sagen lassen. Das Hintergründige der Weihnachtsgeschichte läßt sich nicht auf den Bildschirm kopieren. Um zu entdecken, was hier wirklich geschieht, muß man warten und wachen können, die Zeichen der Zeit beobachten und empfänglich bleiben für Gottes stille Wunder.

Offenbarung inkognito

Um das Geschehen im Stall von Betlehem verstehen zu können, bedarf es also der Offenbarung. Niemand kann am Krippenkind allein ablesen, daß Jesus der Sohn Gottes ist. Gott verhüllt sich im Kind. Er erscheint inkognito. Darum gehört diese Spannung mitten hinein in das Weihnachtsgeheimnis: Die Majestät nimmt die Niedrigkeit, die Kraft die Schwäche, die Ewigkeit die Sterblichkeit an. Schon zeigt sich im Zusammenhang von Stall und Krippe heimlich auch das Kreuz von Golgota an. Gott kommt leise. Er posaunt nicht seine Macht vor sich her.

Er wird einer von uns. Er nimmt die Hinfälligkeit und Sterblichkeit des menschlichen Lebens an. Gott vermischt sich nicht einfach mit dem Erdensohn und wird nicht zu einem gott-menschlichen Zwitter. Er bleibt ganz das, was er ist: Gott von Gott, und wird dennoch ganz und unverkürzt Mensch. Er schlüpft nicht in die Verkleidung oder Maske eines einzelnen konkreten, gleichsam „fertigen" Menschen mit einem bestimmten Namen, sondern nimmt die „Natur" des Menschen an, die alle haben (wenn auch freilich in je ihrer eigenen Ausprägung). Darum hat seine konkrete Menschwerdung auch etwas mit der ganzen Menschheit zu tun. Der selige Gott wird ein armer Menschenknecht. Abgründe, die sonst nicht überbrückt werden können, werden miteinander verbunden: Himmel und Erde, Tod und Leben, Gott und Mensch, Armut und Fülle, Ewigkeit und Sterblichkeit. Er wird arm, damit wir reich werden.

Warum kommt Gott inkognito und im Zeichen der Armut zu uns? Das ist eigentlich das Rätsel. „Die Niedrigkeit Gottes ist für uns noch viel wunderbarer als seine Macht, und viel schwieriger versteht man die Selbstentäußerung seiner göttlichen Majestät als die Erhöhung seiner Knechtsgestalt" (Papst Leo der Große). Es gibt nur eine Antwort: Gott erbarmt sich des Menschen. Die Menschwerdung Gottes in Jesus Christus ist die Offenbarung des unaussprechlichen Mit-leids Gottes mit den Menschen und ist das große, für alle Zeiten bleibende Sakrament seiner Barmherzigkeit.

Grenzenloses Erbarmen

Dieses Geheimnis hat unübersehbare Folgen. Gottes Macht zeigt sich im Schonen und Herabneigen. Niedrigkeit und Ohnmacht sind nun göttliche Zeichen. Darum wird Gott auch besonders offenbar im Armen und Hilfsbedürftigen. Er identifiziert sich mit dem Geringsten seiner Brüder. So ist Weihnachten das Fest der selbstlosen, herabsteigenden Liebe. Aber wehe, wenn jemand dieses Erbarmen zu schnöder Herablassung des Satten verfälscht, der sein schlechtes Gewissen mit dem Alibi eines Almosens von seinem Überfluß beruhigen möchte. Die Weihnachtsgeschichte zeigt, daß die Armen, zu denen Jesus kommt, nicht „nur" die materiell Bedürftigen sind. Noch ärmer sind jene, die grenzenlos einsam sind, ausweglose Schuld mit sich herumtragen, deren Lebenssinn ausgetrocknet ist, die nicht vergeben können, nur noch um sich kreisen, keine Zukunft und keine Hoffnung, keine Liebe und keine Treue mehr kennen und vielleicht aus diesen oder anderen Gründen das unerträgliche Leben wegwerfen wollen. Am ärmsten aber sind diejenigen, die ihre Mängel nicht mehr verspüren und unempfänglich geworden sind gegenüber jeder Möglichkeit eines Neuanfangs. Das Wunder von Weihnachten besteht darin, daß Gott in Jesus ganz nahe zu uns und bis in die letzten Abgründe des Menschen gekommen ist. Darum kann er auch alle erreichen, die Lachenden wie die Verzweifelten, die Fröhlichen wie die Weinenden, die Hungrigen wie die Reichen, die Gesunden (oder die sich für solche halten) wie die Kranken. Niemand ist von diesem Erbarmen ausgeschlossen.

Versöhnte Freude

Gott schenkt in Weihnachten der Welt eine durch seinen einzigen Sohn erneuerte Menschlichkeit. Nun hat auch der Tod als der äußerste Feind des Menschen nicht mehr das letzte Wort. Dieses gehört dem unscheinbaren Kind in der Krippe. Darum hat an diesem Fest auch alles Heimatrecht, was zu einem Zeichen der Güte und Freundlichkeit unter den Menschen werden kann. Deswegen haben gute Wünsche, frohe Feste, Freude am Lichterglanz und Geschenke vor allem dann ihren Sinn, wenn sie durchsichtig werden auf die Liebe Gottes zum Menschen und der Menschen untereinander. Weihnachten kann erneuert werden. Es liegt an jedem von uns. „Bisweilen kommt es dahin, daß Jesus noch einmal lacht, zärtlich, und mit wunderbarem Sinn und beruhigend wie eine Nacht" (Robert Walser).

IV.

TIEFE DES GEHEIMNISSES

„Und das Wort ist Fleisch geworden“

Das Evangelium des Weihnachtsmorgens spricht unbestreitbar von Weihnachten: „Und das Wort ist Fleisch geworden“ (Joh 1,14). Doch führt es offenbar in eine andere, uns nicht mehr so vertraute Welt. Die uns liebgewordenen Begebenheiten von Weihnachten treten ganz zurück: die Armut des Stalles, der Lobpreis der Engel, die Anbetung der Hirten und der Weisen. Der Evangelist Johannes möchte die letzten Tiefendimensionen und Abgründe dessen aufdekken, was an Weihnachten geschieht. Nicht zufällig hat ihn die Überlieferung der Kirche mit einem Adler verglichen, der aus großer Höhe, von oben und mit den Augen des Himmels das Geheimnis unseres Heils betrachtet. Wir wollen versuchen, durch das Bedenken einiger Verse des kunstvoll-strengen Eingangsliedes zum Johannesevangelium einen Eindruck vom Ganzen dieser Botschaft zu bekommen.

„Am Anfang war das Wort"

Gott wird mit einer der höchsten Wirklichkeiten unserer Lebenserfahrung in Beziehung gesetzt, nämlich mit dem Wort. ‚Wort' meint hier freilich nicht Jargon oder Parole, sondern das wahre Wort, das zugleich schöpferisch ist: es bringt hervor, was es bedeutet. Wir selbst erleben dies vor allem dann, wenn wir den Dingen und Lebewesen einen Namen geben: „Dies heißt jetzt Erde und Himmel, Stein und Rose, Adam und Eva." Wir spüren diese schöpferische Kraft des Wortes auch beim verläßlichen Versprechen eines Menschen: „Ich gebe dir mein Ja, was immer kommt; ich bin stets bereit." Gottes Wirklichkeit ist einem solchen Ur-Wort ähnlich. Das Wort zeigt zugleich auch die Macht Gottes an: Er spielt nicht unverbindlich mit seinen Gedanken, sondern er spricht sie aus, macht sie somit selbständig und sagt sie anderen zu. „Gott sprach: Es werde Licht. Und es wurde Licht." So werden die Dinge und die Menschen durch das Wort geschaffen. Dieses schöpferische Wort zeigt nicht zuletzt durch die Mühelosigkeit und Souveränität des Schaffens die Größe Gottes, der sich uns zuwendet. Wenn die Menschen nach einem Grund der Dinge und ihrer Ordnung, einem Sinn und einem vernünftigen Weltgesetz fragen, dann suchen sie es in Gott. Mit ganz unterschiedlichen Namen – vor allem „Logos", wie im griechischen Text des Johannesevangeliums steht – geben Gott und seine Schöpfung eine Antwort auf die Rätsel und Fragen der Menschen. „Im Anfang war es (dieses ‚Wort') bei Gott." Es ermöglicht uns unser Dasein: es ist Licht, das uns leuchtet, und Leben, das uns wärmt.

„Und das Wort ist Fleisch geworden"

Diese Mensch- und Fleischwerdung geschieht an Weihnachten. Es handelt sich nicht bloß um eine romantische Idylle im Stall von Betlehem. Es geht um die stärkste Macht im Himmel und auf Erden, um den Sinn der ganzen Welt. Alles, wonach der Mensch sucht und verlangt, ist beschlossen in einem Kind. Der verläßliche Halt im Leben und Sterben hat einen Namen, man kann ihn sehen und anfassen. Das Wunder besteht darin, daß Gott, der uns kennt und ruft, einer von uns wird. „Und das Wort ist Fleisch geworden." Der wahre Gott versteckt sich nicht hinter den Mauern der Ewigkeit und schaut bloß von ferne zu. Er ist „Fleisch" geworden: ein konkreter Mensch, etwas Sichtbares und Greifbares, etwas Begrenztes und Hinfälliges wie wir. Gott – das ist nicht eine künstliche Überhöhung unseres Lebens: er kommt selbst in dieses Leben, enthüllt sich bis in die letzte Tiefe und hat ein verwundbares Herz.

Daß Gott Mensch wird, ist das Paradox aller Paradoxe und dürfte uns ein Leben lang nicht mehr aus dem Staunen entlassen. Wir könnten von den Zweiflern lernen, die manchmal mehr von dem Ungeheuerlichen zu verspüren scheinen, das mit dieser Wahrheit gesagt wird, als die Glaubenden. In Jean-Paul Sartres Weihnachtsspiel „Bariona", am Heiligen Abend 1940 in einem Gefangenenlager bei Trier uraufgeführt, sagt der Donnersohn: „Ein Gott Mensch werden! Welch Ammenmärchen! Ich weiß nicht, was ihn zum Menschsein locken könnte. Die Götter bleiben im Himmel; ganz beschäftigt, sich selber zu genießen. Und wenn sie einmal dazu kommen sollten, zu uns herabzusteigen, geschähe es wohl in glänzender und flüchtiger Gestalt. Wie eine purpurne Wolke oder ein Blitz ... Ein Gott-Mensch, ein Gott, aus unserem gedemütigten Fleisch gebildet. Ein Gott, der erfahren wollte, wie der Salzgeschmack auf unserer Zunge schmeckt, wenn uns alles verlassen hat, ein Gott, der all das Leiden im voraus auf sich nähme, das ich heute leide ... Nein, ein Unsinn." Der christliche Glaube sagt an diesem Tag, daß dieser in der Tat unerfindbare Traum im Kind von Betlehem selige Wahrheit ist. Nur darum gibt es den Lobpreis der Engel und Hirten! Das Wunder der Weihnacht hat diese „Torheit" Gottes Wirklichkeit werden lassen. Gott kennt den Salzgeschmack auf der Zunge, wenn uns alles verlassen hat, er kennt noch mehr: unsere Armut, unsere Not, unsere Angst, unsere Versuchung und ihre Abgründe, die Passion und den bitteren Tod. Aber alles, was er angenommen und durchlitten hat, das hat er auch geheilt. Darum haben Angst und Not, obgleich sie noch mächtig sind, nicht mehr das letzte Wort.

„Aber die Welt erkannte ihn nicht"

Die Geschichte der Zuwendung Gottes zu den Menschen ist durchkreuzt von einer beinahe tragischen Weigerung der Eingeladenen. Die Finsternis hat das Licht nicht erfaßt, die Welt erkannte ihn nicht. „Er kam in sein Eigentum, aber die Seinen nahmen ihn nicht auf." Das Evangelium läßt etwas von der Trauer durchscheinen, die über diesem vielfachen Nein der Menschen liegt. Dennoch hat es Gott nicht gereut, immer wieder sich den Menschen zuzuwenden. „Immer wieder hast du den Menschen deinen Bund angeboten und sie durch die Propheten gelehrt, das Heil zu erwarten," so bekennen wir dankbar im Vierten Hochgebet. Die Menschwerdung des Sohnes ist ein äußerster Weg des Erbarmens Gottes: so ist er denen wirklich gleichgeworden, denen er helfen wollte. Gott tut das Höchste und das Letzte, was ihm noch möglich ist. Er wird Mensch. Er erweist seine Macht, indem er die Ohnmacht seines Geschöpfes annimmt. Näher kann auch Gott nicht zu uns kommen. Der Einsatz seines Lebens für uns beginnt spätestens bei seinem Kommen in die Welt. Alles ist Hingabe der Liebe. Die Leiblichkeit und die Menschwerdung Gottes ist wirklich das Ende seiner Wege.

Müßte dieses Erbarmen uns nicht verwandeln? Was könnte uns sonst noch wachrütteln? Vielleicht ist es besonders das Antlitz jedes leidenden Menschen, hinter dem sich inkognito Jesus verbirgt. Er ruft uns durch das Leid und das Elend der Welt an. Ob wir ihn in den Gesichtern heutiger Not erkennen?

Die an seinen Namen glauben, sollen an Weihnachten aus vollem Herzen für die törichte Liebe Gottes danken. Unser Evangelium ist ein kühnes Lied. Wir können ihm und damit dem Jubel der ersten Christen nur entsprechen, wenn auch wir in den Lobpreis einstimmen. Es gibt Dinge, denen man nur durch Anbetung angemessen Antwort geben kann. Danach dürfen wir wieder Bettler sein. Jetzt geht es um Dank und Freude: „Und wir haben seine Herrlichkeit gesehen, die Herrlichkeit des einzigen Sohnes vom Vater, voll Gnade und Wahrheit ... Niemand hat Gott je gesehen. Der Einzige, der Gott ist und am Herzen des Vaters ruht, er hat Kunde gebracht."

Gott hat geredet im Sohn der Liebe

Mit den Lesungen am Weihnachtsmorgen, zu denen auch der Anfang des Hebräerbriefes gehört, ist die Kirche schon tief eingedrungen in die Besinnung über die Bedeutung dieses Festes. Der Advent hat in das Warten eingeübt und auf das Kommen Gottes vorbereitet. An Weihnachten selbst wird das Nachdenken über das Geheimnis dieses Festes in drei verschiedenen Eucharistiefeiern vertieft: der Feier der Ankunft durch die Geburt inmitten der Nacht, des Lobes der Hirten am frühen Morgen und des Erscheinens der göttlichen Herrlichkeit am Tag. Es sind recht schwierige Texte, die uns die Kirche im morgendlichen Festgottesdienst vorlegt. Sie setzen voraus, daß wir mit Maria und Josef den Weg bis zur Krippe mitgegangen sind und mit den Hirten über das Kind gestaunt haben. „Die Hirten kehrten zurück, rühmten Gott und priesen ihn für das, was sie gehört und gesehen hatten; denn alles war so gewesen, wie es ihnen gesagt worden war" (Lk 2,20). Aber was haben sie gesehen? Arme Eltern unterwegs zu einer Volkszählung, ihre Not durch die vergebliche Suche nach einer Herberge, ein ohnmächtiges Kind in der Krippe. Alles andere wissen die Hirten nur von den Boten Gottes: die Mitteilung einer großen Freude für das ganze Volk, die Geburt des Messias, den Lobpreis der himmlischen Heerscharen.

Was war wirklich geschehen? Was ist die volle Bedeutung dieser Ereignisse zwischen den fast banalen Geschichten des Alltags und dem geheimnisvollen Sinn dieser Begebenheiten? Wie läßt sich das Hell-Dunkel in diesem Spiel von Offenbarung und Verborgenheit aufschließen? Der Anfang des Johannesevangeliums und des Hebräerbriefes – letzteren wollen wir hier ein wenig bedenken – geben darauf eine Antwort. Oft gehen wir an diesen Aussagen des Weihnachtsfestes vorbei. Sie kommen uns zu schwer, zu steil, zu wenig – wie wir meinen – realitätsbezogen vor. Es empfiehlt sich jedoch, trotzdem auf diese Zeugnisse hinzuhören. Sie stammen ja von den ganz großen Theologen des Neuen Testaments, zu denen man Paulus, Johannes und den Verfasser des Hebräerbriefes zählen darf.

„Auf vielfache und verschiedenartige Weise hat Gott schon vor langer Zeit (einst) zu den Vätern geredet durch die Propheten,
am Ende dieser Tage redete er zu uns durch den Sohn,
ihn hat er zum Erben von allem (des Weltalls) eingesetzt,
durch ihn hat er auch die Welten erschaffen.
Er ist ein Abglanz seiner Herrlichkeit
und ein Abbild seines Wesens,
er trägt das All durch sein machtvolles Wort,

er hat eine Reinigung von den Sünden bewirkt und sich dann zur Rechten der Majestät in den Höhen gesetzt.
Gegenüber den Engeln ist er um so viel erhabener geworden, wie der Name, den er geerbt hat, ihren Namen überragt" (Hebr 1,1–4; eigene Übersetzung).

Reichtum und Armut der vielen Offenbarungsgeschichten

„Auf vielfache und verschiedenartige Weise hat Gott schon vor langer Zeit (oder: einst) *zu den Vätern geredet durch die Propheten."* Dies ist eine Art von Ouvertüre zum ganzen Brief. Das Thema wird schon im ersten Satz mit aller Wucht vorgespielt. Der Blick weitet sich über Betlehem hinaus auf einen weltgeschichtlichen Hintergrund. Gedacht ist zunächst an den Alten Bund. „Gott hat auf vielfache und verschiedenartige Weise gesprochen ..." Es ist etwas ungeheuer Neues in dem biblischen Gedanken, daß Gott spricht. In vielen Religionen, besonders auch der griechischen Welt, sind die Götter gerade dadurch ausgezeichnet, daß sie schweigen: sie leben selig in sich selbst und haben – das macht ihre Göttlichkeit aus – mit der Welt ganz und gar nichts zu tun. Der biblische Gott wendet sich den Menschen zu. Sie sind ihm nicht gleichgültig. Er eröffnet sich selbst im Wort und zeigt sich im Reden. Das geschieht „auf vielfache und verschiedenartige Weise": Hier wird zunächst aufmerksam gemacht auf die Fülle und den Reich-

tum der Offenbarung im Alten Bund. Gott spricht in Weisungen, in Verheißungen, in Tröstungen, in Gerichtsworten, in Visionen, im Traum und in der Geschichte. Mit den Propheten sind die großen Gestalten des Alten Bundes gemeint, die Gottes Botschaft dem Volk vermittelt haben, z. B. Abraham, Mose, aber selbstverständlich auch die Propheten im engeren Sinne. Mit den „Vätern" sind alle alttestamentlichen Frommen gemeint, nicht bloß die Patriarchen. Vielleicht darf man hier auch ein wenig in die Geschichte der Religionen hinaushorchen und an alle vielgestaltigen Offenbarungsgeschichten denken, die bisher an die Menschen ergangen sind. In dieser Aussage steckt ein positiver Hinweis auf die unbegrenzten Möglichkeiten des Offenbarwerdens Gottes (im Sinne von Röm 1,18 ff.; Apg 17,22 ff. usw.).

Aber das ist nicht das einzige Bedeutungsmoment. Der Kontrapunkt ist nicht zu übersehen. Der Verfasser blickt zurück auf eine Geschichte, die vorbei ist: dies war einst, „schon vor langer Zeit". Mittlerweile gab es in dieser Geschichte einen wesentlichen Einschnitt, es gibt seitdem in der Welt etwas ganz Neues, was alles Bisherige in den Schatten stellt. Kann denn die Offenbarungsgeschichte des Alten Bundes und der Religionen noch überboten werden? Anscheinend doch, denn es ergeben sich ja auch Fragen an diese große religiöse Überlieferung. Die Vielgestaltigkeit und Verschiedenartigkeit dieser Offenbarungsgeschichten ist *auch* ein Zeichen der Armut, des Unvollkommenen und des Vorläufigen. Die vielen Weisen des Offenbarungsredens Gottes stehen in Spannung zueinander, sie sind in der Tat auch vieldeutig.

Das Ende aller Wege Gottes

Nun aber heißt es: *„Am Ende dieser Tage redete er zu uns durch den Sohn."* Damit sind die Gegensätze der Botschaft zur Sprache gebracht: Einst – am Ende dieser Tage; zu den Vätern – zu uns; durch die Propheten – durch den Sohn. Den Vätern ist nur die Verheißung, uns aber die „Vollendung" geschenkt. Bei den Propheten dominierte die Vielzahl der Zeugen, jetzt ist nur noch einer, der Kunde von Gott bringt: *der* Sohn, der dem Vater am nächsten ist. Jetzt gibt es keine austauschbaren Formen, keine Vielzahl von Boten und keine beinahe widersprüchliche Fülle von Offenbarungsweisen mehr. Was *„der Sohn"* heißt, wird in unerhört kühner Weise gesteigert: *„Abglanz seiner Herrlichkeit", „Abbild seines Wesens"*. Er ist das vollkommene Bild Gottes. Jetzt sagt Gott nicht mehr viele Worte durch viele Boten, jetzt spricht er sich selbst aus im Sohn. Jesus ist *das* Wort Gottes, die Aus-sage Gottes, der Logos. Eine letzte Qualifizierung erfolgt in dem kleinen Zusatz: „am Ende der Tage". Die Bibel meint damit die Zeit des Messias und das Ende der Zeit, man kann auch sagen: die Wende der Zeiten (Äonen) und „die Fülle der Zeit" (vgl. Gal 1,4; 4,4; 1 Kor 10,11; Apg 2,17; vgl. auch Hebr 9,9f.; 9,26f.). Hier wird ein Ereignis auf ganz neue Weise gewertet. Der Sohn bringt nicht nur eine andere und bessere Offenbarung, vielmehr geschieht in ihm etwas, das unüberholbar ist. In ihm ereignet sich das, was Gott der Welt überhaupt sagen und mitteilen kann. Jesus ist das letzte, unüberbietbare Wort Gottes. Gott kann uns nicht mehr sagen als in ihm. Er ist der Sohn der Liebe, geht es doch keineswegs um eine letzte Offenbarung nur im zeitlichen Sinn oder gar um ein Drohwort, als handle es sich um ein „letztes Wort" der Mahnung. Gott kann uns nicht mehr mitteilen als sein Herz, ja sich selbst, auf einzigartige und vollkommene Weise dargestellt in seinem Sohn. Er ist einer von uns geworden. Er teilt mit uns ein irdisches Leben und übersetzt uns Gottes frohe Botschaft in unsere Welt hinein, bis ins Leiden und Sterben. Mehr kann auch Gott nicht. Leiblichkeit ist das Ende der Wege Gottes, sagte ein schwäbischer Weiser. Gott hat den Mut, das Letzte, Tiefste, Persönlichste und am meisten Verwundbare zu geben, seinen einzigen Sohn.

Der Hebräerbrief vertieft dieses Geheimnis noch kräftig in Richtung auf die Schöpfung. Wenn Jesus im eben erläuterten Sinn der Letzte ist, der zur Rechten Gottes sitzt, dann hat er auch etwas mit dem Anfang und der Gründung der Welt zu tun. Er ist der Erbe des Weltalls, durch ihn hat Gott die Welt geschaffen, *„er trägt das All durch sein machtvolles Wort"*. Aber dieses Geheimnis müßte eigens und ausführlicher bedacht werden. Indes darf diese universal-kosmische Perspektive nicht fehlen.

Was bringt Jesus uns? Die Heilige Schrift und

die große theologische Überlieferung sagen es am besten mit dem Bild vom „heiligen Tausch": Jesus wurde arm, damit wir reich werden. Er starb, damit wir leben. Er wurde – wie der heilige Paulus kühn sagt – zum Sünder gemacht, damit wir gerecht werden. Darauf zielt auch der Hebräerbrief, wenn er kurz und lapidar sagt: *„Er hat eine Reinigung von den Sünden bewirkt."* Indem Jesus zu uns kommt, für uns sein Leben einsetzt und hingibt, erlöst er uns von den schlimmsten Feinden, der Macht der Sünde und der Macht des Todes. Davon können wir uns am wenigsten selbst befreien. Er ist darum *der* Retter.

Uns zum Trost

Die Christen, an die der Hebräerbrief gerichtet ist, gleichen uns. Sie sind müde geworden. Sie halten zwar an den überlieferten Glaubensformeln fest, aber ihre Zuversicht (vgl. 3,6; 4,16; 10,19.35) und ihre Gewißheit des Glaubens (vgl. 6,11; 10,22) sind geschwunden. Die christliche Botschaft stößt auf gelangweilte Gleichgültigkeit oder gar eiskalte Ablehnung (vgl. 2,3; 4,1.2; 5,11; 12,25). Einige bleiben den gottesdienstlichen Versammlungen ganz fern (vgl. 10,25). Bis zum offenen Bruch mit der Gemeinde und zum „Abfall vom lebendigen Gott" ist der Weg nicht mehr weit (vgl. 3,12; vgl. 6,6; 10,26–29; 12,15–17). So fragt der Hebräerbrief in dieser Situation: Ist es der Mühe wert, ein Christ zu sein? Kennen wir wirklich Jesus Christus? Gleich in den ersten Sätzen seines Briefes gibt er ohne die sonst übliche Briefeinleitung die volle und unverkürzte Antwort.

Weihnachten ist für uns eine vielfach vordergründige Feier geworden. Die Lesungen des Weihnachtsfestes wollen uns zeigen, wie tief der „Anker unserer Hoffnung" gelegt ist. Wenn wir das alles ein wenig verstehen, kommen wir von selbst in die Haltung, die die einzig gemäße Antwort auf das große Ereignis der Menschwerdung ist: Anbetung, so wie sie die Hirten vollzogen haben. Jubel, Musik und Dank gehören zu diesem Tag wie das Wasser zum Fisch. „Verherrlicht ist Gott in der Höhe, und auf Erden ist Friede bei den Menschen seiner Gnade" (Lk 2,14).

Platztausch zwischen Reich und Arm

„Denn ihr kennt die Gnade unseres Herrn Jesus Christus: um euretwillen ist er arm geworden, obgleich er reich war, um euch durch seine Armut reich zu machen" (2 Kor 8,9).

Dieser eine Satz des heiligen Paulus enthält alles, was an Weihnachten gesagt werden muß. Er fällt ganz nebenbei, denn Paulus spricht im 8. und 9. Kapitel des 2. Korintherbriefes von der Kollekte der griechischen Christen für die Urgemeinde in Jerusalem. Die Spende, die Paulus erbittet, soll freiwillig sein. Jesus Christus selbst ist dabei Beispiel und Vorbild. Mit einem Satz ist der Apostel von den einfachen Dingen des Lebens, wie sie die Sammlung für Jerusalem darstellt, in die Mitte des Glaubens gesprungen: „Um euretwillen ist er, obgleich er reich war, arm geworden, um euch durch seine Armut reich zu machen." Entfalten wir ein wenig den vielfältigen Sinn dieses Bekenntnisses.

Der Reichtum Gottes

Gott ist einer, der „reich" ist. Das wissen alle Religionen. Ja, er entbehrt nichts. Es ist gerade seine Seligkeit, daß ihm nichts fehlt. Sein Reichtum liegt in ihm selbst, so daß er auf niemand angewiesen ist und keine Beziehung braucht. Gott ist die Fülle all dessen, was ist. Auch in diesem Sinne ist er „reich", weil er alle Vollkommenheiten in sich birgt, nach denen wir Menschen uns sehnen: Wahrheit, Güte, Schönheit, Leben und Seligkeit. Aber damit kommt der gewöhnliche Wortsinn von „reich" auch schon an eine innere Grenze. Gott wählt nicht diese Fülle der Lebensgüter für sich, sondern teilt sie neidlos seinen Geschöpfen mit. Freigebigkeit und Großzügigkeit im Schenken gehören zum Reichtum Gottes. Der biblische Gott ist besonders ausgezeichnet durch jene Eigenschaften, die uns Menschen so oft abgehen, nämlich „Reichtum der Güte, Geduld und Langmut" Gottes (vgl. Röm 2,4), ja, er zeigt sich immer wieder als derjenige, der reich an Erbarmen ist (vgl. Röm 9,23; Eph 2,4 usw.).

Der Gott-mit-uns

Schon dies zeigt, daß Gott in seinem Reichtum nicht geizt. Er ist nicht in seinen Besitz verliebt. Er ist immer schon unterwegs *zu uns*. Man kann sagen, die ganze Geschichte des Alten Bundes sei das Ereignis des Herabsteigens Gottes zu seinem Volk. Dies entspricht der tiefen Sehnsucht der Menschen nach der Nähe Gottes. Die jüdische Theologie der späteren Zeit unterstreicht sogar beim Herabsteigen Gottes seine Selbsterniedrigung und seinen Verzicht auf Ehre. Er kommt herab, macht sich klein und gleicht sich den Menschen an. Von Anfang an zielt Gottes Offenbarung auf diese Gemeinschaft mit den Menschen. Er ist ganz und gar Wohnen bei den Menschen. So ist er in der tiefsten Sehnsucht ein Immanuel, ein Gott-mit-uns. Es gibt verblüffende und fast sprachlos machende Texte im Judentum für diesen Glauben.

Herabsteigen Gottes als Armwerden

Gott nimmt hier und in manchen Religionen einzelne Züge einer irdischen Existenz an, aber er entzieht sich auch immer wieder. Die Nähe Gottes wird auch eine Abwendung vom Menschen. Die Wahrheit von Weihnachten bringt hier etwas Letztes und Unausweichliches: Gott *wird* in einer endgültigen und unwiderruflichen Weise *„Fleisch"* und *wohnt* unter uns (vgl. Joh 1,14). Gott selbst kommt wirklich in die Niederungen unseres Lebens, wird ein Kind, liegt in einer Krippe, wird unterwegs in der Fremde geboren, wird ein Flüchtlingskind ... Nein, Gott spielt nicht bloß ab und zu mit dem Gedanken, er könnte wie ein Mensch auftreten. Er zieht nicht bloß die Gala-Uniform eines Menschen an, die er wieder ablegen kann, wenn es blutig und brenzlig wird. Er steigt wirklich herab.

Ein jüdischer Lehrer, der die bleibende Ferne und überirdische Herrlichkeit Gottes ehrfürchtig hüten möchte, Rabbi Jose, schreibt einmal: „Wirklich auf die Erde ... ist Gott niemals herabgekommen.“ So klein die Distanz auch werden mag, Gott und der Mensch kommen nie ganz zusammen. Derselbe jüdische Lehrer sagt, Gott bleibe immer zehn Handbreiten über dem Erdboden (vgl. die Texte bei P. Kuhn, Gottes Selbsterniedrigung in der Theologie der Rabbinen, München 1968, 42 ff., 45 ff., 63 ff., 72 f.). Er darf nicht ganz in unsere Enge kommen und nicht in unsere Händel verstrickt werden.

Hier sagt uns die Schrift mit letzter Überzeugung: „Um euretwillen ist er *arm geworden*, obgleich er reich war.“ Diese Armut besteht nicht nur in der Menschwerdung im Sinne des Eintritts in die Welt. Er entäußert sich und wird ein anderer. „Gott hat sich ein Fest bereitet, das es in seinem Himmel nicht gab: er ist Mensch geworden“ (Karl Rahner). Das Leben selbst hat den Tod angenommen. Die Seligkeit selber fürchtet nicht die Trauer dieser Erde. Der Abstieg Jesu hat keine Grenze. Sein ganzes Leben ist Herabsteigen: „Er, der lebte, wie Gott lebt, nicht festhalten wollte er daran, Gott gleich zu sein, sondern sich selbst hat er entblößt, Sklavendasein angenommen, worin die Menschen leben, ihnen gleich. Und an Gestalt wie ein Mensch ließ er sich finden, erniedrigte sich selbst, gehorsam bis zum Tode – ja, zum Tode am Kreuz“ (Phil 2,6–8).

Dies ist die wahre Menschwerdung Gottes:

Nichts wird ausgelassen von dem, was Menschen bedrängt und knechtet, beschwert und umbringt. Vergessen wir die Mahnung des hl. Augustinus nicht: „Zu seiner Menschwerdung gehört seine Passion" (Sermo 22,1,1). Ja, wir dürfen diese Armut Gottes an Weihnachten nicht mit Flitter zudecken. Der Weg von Betlehem führt nach Golgota, zur Krippe gehört das Kreuz, zum Stall kommt der Galgen. Die Schrift geht sogar in diesem Herabstieg Gottes noch einen Schritt weiter, den wir wenigstens noch nennen müssen, auch wenn wir ihn nicht entfalten können: Er ist *an unserer Stelle* und *für uns* zur Sünde gemacht worden (vgl. 2 Kor 5,21; Gal 3,13). Gott kommt in Jesus Christus bis in die letzte und äußerste Finsternis. Er wird wirklich arm.

Der wunderbare Tausch

Nun dreht sich das Paradox, daß der, der reich war, arm geworden ist. Jetzt erst wird die Zielrichtung offenbar, um die es von Anfang an geht: *„um euretwillen* ist er arm geworden ..." Es geht von der ersten Bewegung des Abstiegs an *um uns*. Gott möchte uns in diese Bewegung hineinnehmen. Und da geschieht nun gerade das innerste Geheimnis, von dem die Heilige Schrift, die Liturgie dieser Tage und die Theologie der Jahrhunderte immer wieder sprechen: Es hat ein „wunderbarer Tausch" stattgefunden. „Wir sterblichen Menschen empfangen in Christus dein göttliches Leben" (Präfation des Weihnachtsfestes). Im Tagesgebet an Weihnachten heißt es: „Laß uns teilhaben an der Gottheit deines Sohnes, der unsere Menschennatur angenommen hat." Im Gabengebet am 29. Dezember lautet derselbe Gedanke: „Herr, wir bringen unsere Gaben dar für die Feier, in der sich ein heiliger Tausch vollzieht. Nimm sie in Gnaden an und schenke uns dich selbst in deinem Sohn Jesus Christus." Gott wird arm, damit wir durch seine Armut reich werden. Das ist ein geheimnisvoller Platztausch zwischen Gott und den Menschen, den Sündern und dem Heiligen. So wendet Gott unser Schicksal und macht aus unserer aussichtslosen Situation eine hoffnungsvolle. Gott nimmt die Schuld der Welt auf sich, damit er sie ganz wegnehmen kann (vgl. das Motiv vom „Lamm Gottes": Joh 1,29; Offb. 5,6 u.ö.).

Darum jubelt an diesem Tag die Christenheit. „O welch süßer Tausch!" ruft bereits der Diognet-Brief freudig aus. Und immer wieder wird dieses Motiv abgewandelt. „Aus dem Unsern übernimmt er den Tod, um uns aus dem Seinen das Leben zu geben" (Augustinus, Sermo 232,5). „Gott nimmt die Armut meines Fleisches an, damit ich den Reichtum seiner Gottheit empfange" (Gregor von Nazianz: PG 35,325). Martin Luther, der noch ganz von diesem Gedanken bewegt ist, nennt diesen „Tausch der Liebe" (Augustinus) den „fröhlichen Wechsel". Die Begeisterung weckt durch dieses Hochzeitsfest zwischen Himmel und Erde, Gott und den Menschen überschwengliche Freude: „Gott ist Mensch geworden, damit wir Götter werden und Söhne" (Cyrill von Alexandrien, Thes. ass. 25). Fast schon ein gefährliches Wort ...

Empfangenen Reichtum weiterschenken

Dieser Jubel und diese Freude dürfen aber nicht folgenlos sein. Paulus stellt den Herrn als *Vorbild* und *Beispiel* vor Augen (vgl. auch Phil 2,5 ff.). Jetzt kommt alles darauf an, daß sich am Beispiel Christi die christliche Liebe entzündet: Liebt einander, wie er euch geliebt hat! Erst dann ist die Bewegung der Armut Jesu Christi vollendet, wenn wir den von ihm empfangenen Reichtum weiterschenken. Sonst bleiben wir in einem Sinne reich, den die Hl. Schrift bitter tadelt (vgl. Mk 10,17 ff.; Lk 12,22; 1,53; 6,24; 16,19 ff. u. ö.). Wer zu dieser Freigebigkeit bereit ist, der kann auch als Armer Reichtum schenken. So sagt der hl. Paulus (2 Kor 6,10): „Wir sind arm und machen doch viele reich." Wer die Not der anderen kennt, hat auch ein Herz für sie. Er läßt die eigene Armut vergessen. So schreibt Paulus (2 Kor 8,2): „Während sie (die Gemeinden Griechenlands) durch große Not geprüft wurden, verwandelten sich ihre übergroße Freude und ihre tiefe Armut in den Reichtum ihres selbstlosen Gebens."

So gelangen wir von selbst an diesem Fest vom innersten Geheimnis zur tatkräftigen Hilfe unseres Lebens. So wie Paulus im Zusammenhang seiner Kollekte nicht nur beiläufig vom Vorbild des Herrn spricht, der unseretwegen als Reicher arm wird, so wollen auch wir an Weihnachten im Austausch der Liebe durch die Sammlung Adveniat unseren notleidenden Schwestern und Brüdern in Lateinamerika zur Seite stehen. Im Gesicht des Armen begegnet uns Jesus selbst. Dies gilt für die kleinen und großen Werke der Liebe.

Platztausch zwischen Reich und Arm, fröhlicher Wechsel der Liebe – das ist ein Thema von ungeahnter Tiefe. Die Weihnachtszeit steckt voll von Bildern und Hinweisen auf dieses Geheimnis. Vermutlich, ja gewiß hat Weihnachten in diesem abgründigen Mysterium seine letzte, unauslotbare Tiefe. Die Liebe Gottes ist unüberbietbar. Dann sollten wir auch alles für sie geben. Nur dann schließt sich ihre Logik.

V.

WELTWEITE DIMENSION

Suchen und Finden

Sterndeuter und Magier

Die drei Könige aus dem Morgenland sind geheimnisvolle Gestalten, deren Umrisse sich nicht eindeutig abzeichnen. Sie sind zugleich Forscher, Priester, Könige, Sterndeuter. „Sterndeuter" ist unsere heutige Übersetzung für das Wort Magier. Das ist ein Titel mit Licht und Schatten. Auf der einen Seite handelt es sich hier offenbar um Menschen, denen es auf Weisheit und Einsicht ankommt und die überzeugt sind, daß diese Wahrheit irgendwo gefunden werden kann. Auf der anderen Seite haben Magier durchaus etwas mit Zauber, Astrologie, wenn nicht gar Kurpfuscherei zu tun. Diese drei sind nicht einfach schon von Anfang an die heiligen drei Könige, sondern eher etwas unheimliche Gesellen. Das Bild dieser Reisenden aus dem Morgenlande ist von großen Gegensätzen bestimmt: Diese Reisenden sind arm – und doch reich. Sie wissen nichts – und finden alles. Sie kommen von weit her – und dürfen in die engste Nähe des Herrn. Sie sind aus unseren Vorstellungen vom Weihnachtsgeschehen nicht wegzudenken – und doch wissen wir von ihnen erstaunlich wenig Zuverlässiges. Doch davon brauchen wir uns nicht beirren zu lassen.

Die Sterndeuter suchen. Sie sind keine Menschen mit einem fertigen Leben, die alles Wünschenswerte in ihrer unmittelbaren Reichweite zur Verfügung haben. Sie sind umhergetrieben. Sie beruhigen sich nicht mit landläufigen Auskünften. Sie haben Mut zum Ungewohnten und sind bereit, sich auf den Weg zu machen. In einem wunderbar aufstrahlenden Stern erblicken sie das Zeichen, das sie zum Aufbruch ruft. Sie scheuen sich nicht vor Strapazen und Gefahren, weil ihnen die Wahrheit, die es zu finden gilt, das kostbarste Gut ist, für das sie alles einsetzen. Noch haben sie diese Wahrheit nicht aufgespürt, aber sie geben sich nicht mit vagen und vorläufigen Kenntnissen zufrieden, sondern tasten nach dem letzten Halt, auf den sie sich im Leben und Sterben verlassen können.

Schriftgelehrte und Herodes

In ihrem Suchen stehen die Sterndeuter in einem eigentümlichen Gegensatz zu allen, die sie unterwegs treffen. Da sind beispielsweise die Hohenpriester und Schriftgelehrten, ausgezeichnete Kenner der Schrift, die Herodes jede Auskunft aus der Bibel sofort besorgen können. Auswendig zitieren sie das Prophetenwort: „Du Betlehem bist keineswegs die unbedeutendste unter den Fürstenstädten, denn aus dir wird hervorgehen der Fürst" (Mt 2,6). Aber die Hohenpriester und Schriftgelehrten sind mit ihrem runden und satten Wissen nicht in der Lage, die

Zeichen zu erkennen, die die Erfüllung dieser Verheißung anzeigen.

Auch Herodes, der den neugeborenen König ausfindig machen möchte, will im Grunde nicht suchen. Er denkt nicht im Traum daran, selbst aufzubrechen und sich in die Schar der Suchenden einzureihen. Er ist nur beunruhigt von der Frage, ob etwa ein politisch gefährlicher Rivale heranwachsen könnte. Herodes treibt das typische Ränkespiel der Macht, wo alles darauf ankommt, an der Herrschaft zu bleiben. In diesem Spiel sind auch Lügen und raffinierte Finten Mittel, deren man sich bedient. Herodes möchte, listig wie er ist, von dem Forschen der Weisen profitieren: „Geht und forscht sorgfältig nach, wo das Kind ist; und wenn ihr es gefunden habt, berichtet mir, damit auch ich hingehe und ihm huldige" (Mt 2,8). Herodes ist ein Heuchler, denn er denkt niemals daran, dem Messiaskind zu huldigen und ihm seine Herrschaft zu unterwerfen.

Welch ein Kontrast besteht zwischen diesem heuchlerischen und von seiner Macht besessenen Herodes und dem messianischen König, der kein Land, kein Schwert und kein Zepter hat! Auch wenn ihm später alle diese Insignien in die Hand gegeben sind, so dürfen wir nicht vergessen, daß seine Krone die Dornenkrone ist. Aber die Weisheit und Torheit der Liebe Gottes, die hierin aufscheint, entdecken nicht die Menschen, die wie Herodes in ihrem gegenwärtigen Besitz das Höchste sehen und darum nicht mehr wahrhaft suchen können. Sie sehen im Aufgang eines neuen Sterns nur eine Bedrohung ihrer Macht und ihres Wissens, die es aus dem Wege zu räumen gilt. Nur diejenigen, die wie die Sterndeuter offen sind in ihrem Warten und Hoffen auf die Erlösung, die Gott schenkt, können die neu aufstrahlende Wahrheit finden und anbeten.

Führung durch den Stern

Im Evangelium von den suchenden morgenländischen Weisen, in diesem großen Bild, das so oft in der Kunst und der Musik dargestellt worden ist, werden auch unsere Begegnungen und Auseinandersetzungen mit den Menschen, die einer anderen Religion angehören oder einem anderen Glauben anhängen, berührt. Für die Juden sind die Gestalten dieser Sterndeuter ein Skandal, insofern diese Suchenden Heiden sind. Sie sind keine Angehörigen des Gottesvolkes, dem die Verheißungen zuteil geworden sind. Als Heiden können sie die Wahrheit nicht finden und müssen nach jüdischer Auffassung, wohin immer sie gehen, in die Irre laufen und das Ziel verfehlen. In den Augen der Juden haben diese Fremden überhaupt keine Chance, je fündig zu werden. Sobald sie weitergezogen sind, verlacht man sie als Spinner und Phantasten, denen niemand helfen kann.

Dabei wird übersehen, daß diese Weisen nicht ohne jede Richtung unterwegs sind. Sie taumeln nicht von einer aufregend-interessanten Sache in die andere. Sie lassen sich durch ein sicher mehrdeutiges, aber doch wunderbares Sternzeichen führen. Wir wissen nicht genau, was es mit dem Stern für eine Bewandtnis hatte. In der damaligen Zeit haben die Menschen geglaubt, daß jeder, insbesondere wenn ihm ein großes Schicksal bestimmt ist, seinen eigenen Stern hat. Mit der Geburt geht dieser Stern auf, mit dem Tod geht er unter. Wir haben darüber hinaus Grund zur Annahme, daß in den Jahren vor Jesu Geburt am Himmel eine astronomische Seltenheit zu beobachten war. Dieses außergewöhnliche Ereignis und der Glaube, daß damit eine besondere Geburt angezeigt wird, gaben den wachsamen Sterndeutern den Anstoß zum Aufbruch. Der Stern ist ihnen ein Kompaß, der dafür sorgt, daß sie sich nicht auf ihrer Suche in Umwegen und Abwegen verlieren und am Ende auf der Strecke bleiben, sondern durchhalten.

Dieser Stern steht letzten Endes für Jesus selbst. Auch wenn die Weisen noch nicht den Namen dessen kennen, den sie suchen, so sind sie doch geheimnisvoll von ihm angezogen. Das ist die Chance aller Heiden, daß sie Fragen haben, aufbrechen und sich auf den Weg machen können. Aus babylonischen Keilschrifttexten wissen wir, daß man im Zweistromland einen Retterkönig erwartete, der im Westen erscheinen sollte. Ihn suchen sie, der sie von falscher Herrschaft und Lüge befreit, der sie von Ungerechtigkeit und Tod erlöst, der ihnen Wahrheit und Trost zuspricht. Im Herzen der morgenländischen Weisen ist die Erfüllung heimlich schon anwesend, sonst könnten sie gar nicht so unentwegt und ohne jede Angst suchen. Diese Weisen und Sterndeuter stehen für alle Heidenvölker, die zunächst als verworfen galten. Auch sie haben nun eine Chance, aufzubrechen und dem verheißenen Retter entgegenzugehen. Damit wird sichtbar, daß Jesu Geburt nicht bloß ein nebensächliches Ereignis in der Provinz Palästinas war, von der eine schöne, romantische Geschichte erzählt. Nein, es geht vielmehr darum, daß dieses Kind das Licht der Völker ist, der Herr der ganzen Welt.

Erfülltes Suchen

Wir dünken uns viel aufgeklärter als die Weisen und die Heidenvölker, die sich in ihnen darstellen. Wir gleichen fast ein wenig den Schriftgelehrten mit ihrer Bücherweisheit. Wir wissen, wen die Sterndeuter suchen, so daß wir meinen, den langen Weg der Suche nicht mehr gehen zu müssen. Aber wenn wir milde lächeln über den „Aberglauben" dieser Astrologen, so entlarven wir uns selbst. Diese Sterndeuter haben wirklich Sehnsucht, sie geben alles her für ihr Forschen nach der Wahrheit. Die Heiden, die zunächst so arm erscheinen, sind in Wahrheit die Beschenkten. Die Nichtwissenden werden zu denen, die einzig verstehen. Die Heiden, die bisher vom Heil ausgeschlossen waren, werden zu Erben des Reiches, und die, die sich in der Wahrheit dünken und sie zu besitzen glauben, erweisen sich als die Toren.

Die Weisen sind auf ihrer Suche wirklich offen. Sie sind nicht auf eine bestimmte Gestalt, die sie sich zurechtgezimmert haben, festgelegt. Sie lassen sich ruhig führen. Sie suchen die Wahrheit und lassen Raum für die überraschende Erfüllung ihrer Sehnsucht. Darum finden sie, und darum freuen sie sich auch: „Als sie den Stern sahen, wurden sie von sehr großer Freude erfüllt. Sie gingen in das Haus und sahen das Kind und Maria, seine Mutter; da fielen sie nieder und huldigten ihm" (Mt 2,10f.). Diese Freude der Sterndeuter kann nur verstehen, wer selbst lange und vielleicht verzweifelte Wege der Suche gegangen ist. Nur ein derart Suchender schätzt die Wahrheit und weiß, was er schließlich entdeckt hat. Er kann dann auch in die Knie gehen, wenn er den Herrn gefunden hat – nicht irgendeinen von den vielen Götzen, nicht irgendein Idol, sondern den Herrn der Welt, den unumschränkten Herrn des Lebens und des Sterbens. Er ist der einzige, vor dem man in die Knie gehen und sich hinwerfen darf, denn er setzt uns nicht seinen Fuß in den Nacken und knechtet uns nicht, sondern schenkt uns die größte Freiheit, die möglich ist. So wird die ungestüme Suche und das leidenschaftliche Fragen reich belohnt.

Die Weisheit der Magier

Die Erzählung von den Sterndeutern enthält sehr viel Weisheit. Darum hat sie auch das christliche Volk treu im Herzen bewahrt und im Gedächtnis des Glaubens durch Brauchtum und Kunst entfaltet. Diese Darstellungen erinnern uns daran, daß überall Gottsucher unterwegs sind. Manchmal fragen uns diese Suchenden, wir aber verlachen sie, anstatt ihnen weiterzuhelfen. Wir übersehen leicht, daß jeder ein Recht hat, einmal aufzubrechen und sich auf den Weg zu machen, auch wenn am Anfang noch falsche Erwartungen bestehen, die Fragen vielleicht noch nicht einmal richtig gestellt und manche Hoffnungen von Irrtum durchmischt sind. Wir werden gemahnt, den Irr- und Aberglauben nicht hochmütig zu verspotten, uns ihm aber auch nicht rückgratlos anzupassen, sondern ihm durch unser Beispiel und unsere Verkündigung beim Finden des Geheimnisses zu helfen.

Unsere Geschichte will nicht nur die Verweigerung der damaligen Juden gegenüber Jesus und die Begünstigung der Heiden als neue Erben darstellen, sondern ist auch eine Warnung an uns, damit wir mehr Herz und Arme öffnen für alle, die suchen. Es ist die Kunst und die Gnade der Magier, daß sie in den einfachen Zeichen des Kindes in der Krippe den Herrn der Welt entdecken. Man muß schon sehr geübt sein im Suchen, um nicht auf alle Versprechungen von Pomp und Flitter, Machtdonner und Zauber hereinzufallen. Gerade in dieser Spannung bleiben die Sterndeuter unentbehrliche Wegbegleiter nach Betlehem: Sie suchen die Wahrheit und finden sie paradoxerweise in der bestürzenden Einfachheit eines Kindes mit seinen Eltern in einem Stall. Der Stern blieb hier stehen. Er hat sozusagen ausgedient und wird von dem Licht, das im Stall aufgeleuchtet ist, überstrahlt. An diesem Ort werden die Magier, die Astrologen zu Glaubenden. Jetzt sind sie Glaubende, und jetzt sind sie Könige, Könige der Freiheit, weil sie wirklich den gefunden haben, dem allein zu dienen lohnt. Dieser Herr ist in Wahrheit die Erfüllung aller Religionen und das Ziel aller Heilswege. So brauchen sie nur noch das Höchste und Letzte zu tun, was ihnen möglich ist: Sie fallen nieder und beten an. Auch für uns kommt es darauf an, diesen Herrn der Welt unermüdlich zu suchen und zu finden, der von sich sagt: „Ich bin der strahlende Morgenstern" (Offb 22,16). Machen auch wir uns auf, ihm als dem Herrn der Welt und unseres eigenen Lebens zu huldigen.

Epiphanie: Offenbarwerden der Herrlichkeit des Herrn

Epiphanie

Unsere Weihnachtszeit hat zwei Brennpunkte, nämlich das Fest der Geburt Jesu Christi und den sogenannten Dreikönigstag. Dieses Fest ist aus dem Osten der Kirche, wo wir es zum Beispiel in Ägypten feststellen können, bereits im 4. christlichen Jahrhundert in den Westen gekommen. Bald hat sich auch das griechische Wort „Epiphanie" zur Bezeichnung dieses Festes eingebürgert. Epiphanie ist ein zentrales Wort der Religionsgeschichte. Es heißt: Sichtbar- und Offenbarwerden der Gottheit auf eine geheimnisvolle Weise. Unerwartet und plötzlich bricht die Gottheit in die Welt ein, um sich ebenso rasch wieder zu entziehen. Da die Gottheit sehr oft in fremden Gestalten und Verwandlungsformen auftritt, zum Beispiel als Wanderer oder auch als Vogel, ist es nie nur reines Enthüllen, sondern in aller Offenheit zugleich auch ein Sichverbergen. So galt der ägyptische König, der Pharao, als ein inkarnierter Gott. Seine Krönung ist das erste Offenbarwerden seiner Macht. Die Epiphanie wiederholt sich immer, wenn er sich dem Volk zeigt. Erschlägt er Feinde oder läßt er Gefangene gewaltsam herbeitreiben, so ist dies ein Zeichen seiner Kraft und Macht. Da das Offenbarwerden an Helligkeit und Glanz gebunden ist, hat das Symbol und Motiv des Lichtes in den Epiphanien einen besonderen Rang inne.

Das christliche Epiphaniefest, das durch äußere Beziehungen, zum Beispiel des Datums, an heidnische Ursprünge erinnert, hat dieses Grundverständnis von Epiphanie in seinem Sinne umgestaltet. Im Osten sah man sehr früh die Taufe Jesu, bei der Gott der Vater Jesus als seinen Sohn offenbarte, und Jesu erstes Wunder in Kana, wo er seine Herrlichkeit offenbarte (vgl. Joh 2,11), als vorzügliche Epiphanien. Während der Osten bis heute die Geburt des Herrn und die Anbetung der Magier als ein zusammengehöriges Ereignis betrachtet, hat der Westen schon sehr früh die Erzählung von den Weisen ganz dem Epiphaniefest vorbehalten.

Offenbarung und Verhüllung

Was zeigt sich jedoch bei der Offenbarung des Herrn? Wir werden sehen, daß auch in der christlichen Epiphanie das Licht, das die Welt erhellt, seinen tiefen Sinn und sein gutes Recht hat. Aber dieses Licht ist von eigener Art. Es scheint nicht bloß kometenhaft auf und berührt die Welt nur wie die Tangente einen Kreis. Der Glanz der Gottheit überstrahlt nicht nur für einige Momente das Elend der Geschichte. Es gibt überhaupt in dieser göttlichen Epiphanie keine Demonstration von irdischer Macht. Eindrucksvoller Flitter, prachtvolle Erscheinungen und ein prächtiger Hofstaat fehlen. Gott kommt als Kind. Er ist damit in einer besonderen Unscheinbarkeit und Armseligkeit verborgen. Der Ort dieser Ephiphanie ist nicht festlich. Herbergslosigkeit, Stall und Krippe sind der Ort dieser Epiphanie. So alltäglich, gewöhnlich und unauffällig vollzieht sich diese Erscheinung des Herrn mitten in der Welt, daß sie für die meisten verborgen und unentdeckt bleibt.

Die Reaktion des Königs und Jerusalems auf diese Geburt des Kindes ist sogar mehr als befremdlich. Man sollte erwarten, die Heilige Stadt würde auf die Frage der Magier, wo der neugeborene König der Juden sei, in Staunen und Freude ausbrechen. Statt dessen vernimmt man, Herodes und mit ihm das „ganze Jerusalem" seien erschrocken – wie bei der Kunde von einem einfallenden Feind. Herodes denkt nur an die Sicherung seiner Macht. Und die Hohenpriester und Schriftgelehrten sind ein gutes Exempel dafür, daß Wissen allein noch kein Vertrauen und keinen Glauben schafft. Sie wissen um die Aussagen der Bibel, daß der Christus in Betlehem in Judäa geboren werden soll, aber sie haben ihre eigenen Vorstellungen von der gloriosen Offenbarung dessen, was Gott und Messias heißt. Unsere Geschichte lügt nichts weg von der menschlichen Realität. Die Listigkeit des Herodes ist fein gezeichnet. Die Grausamkeit des Mordes unschuldiger Kinder kündigt sich bereits an. Eine unheimliche Warnung geht aus von dem vollkommenen Mißverhältnis der Vertreter des Volkes Israel zu dem verborgen erschienenen Gott: Wer allzu sicher wissen will, wie Gott ist und wie er zu uns kommt, läuft nicht nur Gefahr, an ihm vorbeizusehen, sondern ihn zu bekämpfen.

Unbeirrbare Suche

Die ganze Erzählung lebt von dem mächtigen Kontrast zwischen dem König Jerusalems, der zur Erhaltung seiner Herrschaft den Christus töten will, und den Magiern, die ihn aus der Ferne suchen und finden. Nicht nur Gott ist *zu uns* gekommen. Der neugeborene Messias stößt auch nicht nur auf Feindschaft. Die Menschen selbst geraten durch seine Ankunft in Bewegung und kommen zu ihm. Es ist nicht so wichtig zu wissen, woher genau die Magier kamen und was für einen Beruf sie hatten. *Sie sind jedenfalls die ersten Menschen, die Jesus aus der Ferne suchen.* Sie haben nichts gescheut bei ihrer Suche. Sie haben sich durch Wüsten durchgeschlagen und haben sich auch durch Gleichgültigkeit und Politik nicht abbringen lassen, auf ihrem Weg zu bleiben. Sie lassen sich weder durch die mürrische Auskunft der Schriftgelehrten enttäuschen noch durch den hinterlistigen Auftrag des Herodes umgarnen. Sie gehen verschlungene Pfade, aber ihr kühnes Herz fürchtet auch keine Umwege. Sie haben ein Ziel, auch wenn es in weiter Ferne liegt. Was die Magier nach langer Suche schließlich finden, ist kein Palast, keine prunkvolle Wiege, keine Dienerschaft, kein Reichtum. Sie werden jedoch nicht irre an der Unscheinbarkeit dessen, was sie finden. Hier kann man nur noch den Text der Schrift selbst hören: „Sie gingen in das Haus hinein und sahen das Kindlein mit Maria, seiner Mutter. Und sie warfen sich nieder, huldigten ihm, taten ihre Schätze auf und brachten ihm Gaben dar, Gold und Weihrauch und Myrrhe" (Mt 2,11).

Wer sind die Magier? Es sind Menschen, die sich nicht mit dem Anhäufen von Reichtümern begnügen. Sie suchen ein Ziel, das ihnen nicht mehr genommen werden kann. Es sind Suchende, die den Aufbruch wagen. Mit den Magiern sind alle Menschen gemeint, die Hunger nach Sinn und Erlösung in ihrem Herzen tragen. Das Suchen kann sehr ungestüm oder auch sehr leise erfolgen. Es sind jedenfalls Menschen, die ihr Leben als Pilgerschaft verstehen. Pilgerschaft durch Kindheit, Jugend, bis hin zur Altersreife, Pilgerschaft durch wenig Feste und viel Alltag, durch Hohes und Geringes, durch Reinheit und Schuld, durch Liebe und Enttäuschung, von Leben zu Tod. Sind wir selber solche Menschen, die die Reise unseres Lebens und unseres Herzens wirklich wagen? Oder bleiben wir auch lieber bei den Fleischtöpfen Ägyptens, wo es uns gutgeht? Verweigern wir nicht immer wieder den Aufbruch? Suchen wir überhaupt ein Ziel? Oder begnügen wir uns mit dem Spielen unserer Pläne, auch wenn sie nicht so grausam sind wie die Gedanken des Herodes?

Gott führt auf allen Wegen

Die drei Könige sind ein Symbol für die Hoffnung der Heiden. Sie haben den Messias erkannt. Er ist nicht nur der König der Juden, sondern der Herr der Welt und der König der Heiden (vgl. Mt 28,18ff.; 25,31ff.). Jesus erfüllt die Sehnsucht und das religiöse Verlangen der Menschen. Er bietet ihrem Suchen ein Ziel. Die Menschen gehen, wie es uns scheint, sehr oft verschlungene Pfade bei ihrem Suchen. Die Reise der Magier kann uns zeigen, daß solche Straßen vor Gottes Augen auch ein recht gerader Weg sein können. Suchende wollen sich nicht zuletzt daran orientieren, daß sie die Zeichen der Zeit und darin auch die Spuren zu Gott lesen wollen. Gott ist milde, auch zu den Magiern. Er läßt ihnen auch ihre Astrologie, obgleich sie töricht ist. Entscheidender ist, daß die Magier ein mutiges und reines Herz haben. Und ist Jesus nicht auch die Erfüllung der Hoffnung der vielen „Heiden" unserer Gegenwart? Suchen die verschiedenen Neuaufbrüche des religiösen Geistes in unserer Zeit nicht einen, der das Leben kennt, einen nicht enttäuscht und auch noch in der Stunde des Todes begleiten und führen kann? Viele suchen noch, während sie in der Stille schon geführt werden. Epiphanie wäre dann in diesem letzten Sinne das Fest, an dem all jenen, die den unbekannten Gott suchen, an der Krippe von Betlehem die Augen aufgehen könnten. Was braucht man, um ihn und seinen Namen zu finden? Ich denke, daß die alte Deutung der Gaben der Magier auch heute noch ihren Sinn hat. Das Gold ist das Zeichen der Liebe, mit der sie nach Betlehem kamen; der Weihrauch ist das Symbol der Ehrfurcht, ohne die es keinen Zugang zum göttlichen Gott gibt; die Myrrhe – wohlriechendes Gummiharz aus Südarabien – steht für das Leiden und die Schmerzen, die zum Suchen gehören.

Die Männer sind wahrscheinlich keine Könige, wohl aber – was noch mehr wiegt – königliche Menschen gewesen. Auf einem anderen Weg – sicher auch verwandelt – kehren sie zurück. Mehr wissen wir nicht von ihnen. Sie sind Wegweiser zum Stall von Betlehem. Darum hat eine lange Überlieferung die Erinnerung an sie bewahrt, ihnen Namen gegeben und viele Bräuche mit ihnen verbunden. Sie leben heute noch.

Nachweise

Die Zukunft des Menschen: Überarbeiteter Teil aus einem längeren Text „Die Zukunft des Menschen und die Menschwerdung Gottes", der ganz veröffentlicht wurde in: Lion, Heft 12 (1971), 585–589, hier 585–587.

Zuversicht und Erinnerung: Geht ursprünglich auf Überlegungen im Zusammenhang des Freiburger Katholikentages 1978 zurück, dem das Prophetenwort „Ich will euch Zukunft und Hoffnung geben" (Jer 29,11) zugrunde lag. Unveröffentlicht.

Messianische Herrschaft und Friedensreich: Katholische Morgenfeier beim Südwestfunk (1. Programm) am 26. Dezember 1981. Erstmals veröffentlicht.

Das Lied der Armen: Ansprache bei der Fernsehübertragung eines katholischen Vespergottesdienstes aus der Kirche St. Lambertus in Bechtheim/Rheinhessen (Südwestfunk) am 10. Mai 1987. Der Text ist nicht veröffentlicht.

„Siehe, von nun an preisen mich selig alle Geschlechter": Sendung für Radio Vaticana am 1. Mai 1982. Bisher nicht veröffentlicht.

Gott hat uns zuerst geliebt: Unter dem Titel „Das Fest des liebenden Gottes" in: Rheinische Post Nr. 300, 24. Dezember 1976 (Beilage: Geist und Leben).